Jean-Michel Blanquer
Edgar Morin

Quelle ÉCOLE voulons-nous ?

La passion du savoir

Entretiens dirigés par Héloïse Lhérété
et Jean-François Dortier

Odile Jacob
Éditions Sciences Humaines

Sommaire

Préface

L'école, particulièrement en France, est saturée d'attentes contradictoires : elle devrait préserver les enfants de la violence et des rumeurs du monde, mais aussi les aider à s'y insérer ; permettre à l'individu de s'épanouir et de bien vivre, tout en lui inculquant le sens de l'effort et de la discipline ; corriger les inégalités sociales et sélectionner une élite efficace ; instruire et éduquer ; transmettre les humanités d'hier et modeler la société de demain. De la difficulté de devenir soi jusqu'à celle de faire société, nous projetons sur l'école tous les points de crispation de notre temps.

Quelle école voulons-nous ? Comment articuler ces idéaux multiples ? Quelles priorités assigner aujourd'hui à cette vieille institution républicaine ? Et comment la réformer ? Par le haut, à coups de lois et décrets, ou par le bas, en misant sur la capacité d'initiative des acteurs ? Ces enjeux restent largement irrésolus, faute de consensus social sur l'école. Ils sont au cœur de cette conversation entre Jean-Michel Blanquer, ministre de l'Éducation nationale depuis 2017, et Edgar Morin, l'un des plus éminents penseurs français. Les deux hommes se connaissent. Ils sont liés, depuis la fin des années 1990, par une curiosité commune pour l'Amérique latine. Ils nourrissent des sentiments d'estime réciproque, qui n'interdisent nullement l'expression de désaccords politiques ou intellectuels. Ils s'écoutent avec une attention profonde et se répondent avec un souci mutuel d'empathie et de précision.

Au fil du dialogue se dessine l'architecture de deux pensées qui comptent chacune à leur manière. Avant d'être nommé ministre au sein du gouvernement d'Édouard Philippe, après la victoire d'Emmanuel Macron en mai 2017, Jean-Michel Blanquer a plusieurs fois manifesté son intérêt pour l'œuvre intellectuelle du sociologue. Il l'a cité dans ses livres ; il a créé une chaire au nom du sociologue au sein de l'ESSEC lorsqu'il dirigeait cette école de commerce ; c'est aussi Jean-Michel Blanquer, en tant qu'universitaire, qui a publié un article sur la pensée éducative d'Edgar Morin dans *Les Grands penseurs de l'éducation* (Grands Dossiers des Sciences Humaines n° 16, décembre 2016). Après qu'il a été nommé ministre, quelques mois après la parution de cet article, nous avons eu l'idée de solliciter une seconde fois Jean-Michel Blanquer, cette fois-ci pour lui proposer une confrontation avec Edgar Morin. Était-il possible de transformer une inspiration intellectuelle en une action politique ? Comment marier des idéaux avec l'exercice de la responsabilité et les contraintes d'une institution ? Cette rencontre a donné lieu à la parution d'un premier entretien croisé, publié dans *Sciences Humaines* en décembre 2017. La discussion s'est prolongée et, séance après séance, s'est structuré ce projet de livre.

Le ministre de l'Éducation nationale partage une conviction avec le penseur : l'école doit se fixer pour ultime horizon d'« enseigner à vivre ». L'un et l'autre ont publié un livre, au même moment, en septembre 2014, développant cette idée : *L'École de la vie* pour Jean-Michel Blanquer (Odile Jacob), *Enseigner à vivre* pour Edgar Morin (Actes sud). Idée rousseauiste par excellence : « Vivre est le métier que je veux lui apprendre », annonce le précepteur de l'*Émile*. Ambition folle, vouée à l'échec, et pourtant toujours remise sur le métier. Jean-Michel Blanquer résume ainsi cette gageure : « Personne ne peut apprendre à vivre à personne. Chaque expérience personnelle est unique ; il n'existe nulle part de mode d'emploi de l'existence. Et chacun doit tracer son chemin. Pourtant, en même temps, à chaque fois, il faut essayer. C'est ce que vit chacun avec ses enfants, on ne fixe pas leur chemin. Ce n'est ni possible ni souhaitable. Mais on l'éclaire avec tout ce que savons déjà de la vie… »

Appliqué à l'école de 2020, que recouvre un tel programme ? Pour Rousseau, la vie est à la fois le moteur et la finalité de l'éducation. On apprend *en vivant* (davantage qu'en lisant ou en étudiant), en misant sur l'expérience et la sensorialité, et on apprend *pour vivre*, c'est-à-dire pour agir et interagir, mettre sa sensibilité au service de sa participation au monde, mener son existence avec intensité et sincérité. L'éducation ne sert à rien si elle ne sert d'abord ouvrir à l'altérité du monde, rendre attentif aux choses, aux événements, aux êtres, aux pulsations de la vie. On retrouve une telle inspiration dans la pensée d'Edgar Morin. L'école doit préparer chaque individu à affronter « les problèmes du vivre » : devenir autonome, comprendre l'altérité humaine, accepter l'incertitude consubstantielle au projet démocratique, savoir faire face au risque d'erreur, qui tantôt n'est pas grave, tantôt peut s'avérer mortel. Edgar Morin propose plusieurs outils concrets pour progresser dans cette voie. D'abord intégrer davantage de transdisciplinarité dans les enseignements, car tous les grands problèmes que se poseront les adultes de demain seront transdisciplinaires : Qu'est-ce qu'un homme ? Que comprenons-nous d'autrui ? Comment préserver notre planète ? Quelle est notre place dans le cosmos… ? Répondre à ces questions avec discernement suppose de rassembler la pensée, établir des liens et passerelles entre savoirs morcelés, réduire la fracture entre sciences et humanités. Cette pensée de la « reliance » pourrait trouver sa place dans l'enseignement scolaire, plaide-t-il, pour régénérer l'humanisme et aider chacun à se situer dans l'aventure de l'univers. L'auteur de *La Méthode* propose également d'enseigner l'épistémologie dès les petites classes, afin que chaque élève puisse se forger une conscience de ce qu'est la connaissance, la rumeur, l'erreur, etc. Cet enseignement aurait vocation à stimuler non seulement l'esprit critique, mais également l'esprit autocritique et la connaissance de soi. L'enjeu n'est pas seulement intellectuel, mais éthique. C'est parce que je me sais traversé de contradictions, de questions, de doutes et d'altérité que je suis capable de comprendre autrui : voyant l'autre en moi, je me perçois moi-même dans l'autre. Enfin, tâche peut-être la plus difficile, il existe selon le penseur une urgence à redéfinir la mission enseignante, dont le rôle change avec l'avènement de la société numérique et la crise de l'idée de progrès. Edgar Morin emprunte à Platon l'idée d'un *Eros* enseignant : il faut aimer le savoir et les élèves pour enseigner. Il faut aussi avoir la « foi », une foi laïque dans une mission dont le maître mot serait celui de « problématisation ». À l'époque des *fakes news*, des dogmes asséchants, des manipulations politiques, « enseigner à problématiser devient une mission essentielle qui, en elle-même, est un apprentissage de liberté pour l'esprit », souligne le sociologue, qui s'inquiète de la montée des périls populistes et fanatiques. On est au cœur de la thématique de la complexité qui guide toute sa recherche, et qu'il a notamment développée dans *La Tête bien faite* (1999), *Relier les connaissances* (1999) et *Les Sept Savoirs nécessaires à l'éducation du futur* (2000).

Jean-Michel Blanquer n'a pas le même positionnement. Il occupe actuellement de hautes fonctions politiques, se situe au cœur du pouvoir. Quelle philosophie de l'éducation sous-tend son action ? Le ministre a conduit en peu de temps plusieurs réformes : dédoublement des classes de CP et CE1 en REP, obligation de l'instruction à l'âge de 3 ans, réforme du baccalauréat, réforme de l'enseignement professionnel, loi sur l'École de la confiance… Sa vision de l'éducation est souvent associée à un pan spécifique de la recherche :

les neurosciences et la neuropédagogie. De fait, il a nommé le professeur Stanislas Dehaene à la tête d'un « conseil scientifique » de l'éducation et fait régulièrement référence à des travaux issus des sciences cognitives et des neurosciences pour appuyer des recommandations pédagogiques. La conversation avec Edgar Morin révèle par ailleurs un goût sincère pour les sciences humaines et une ample culture en la matière, notamment en philosophie et sciences sociales (Platon, Aristote, Rabelais, Montaigne, Condorcet, Durkheim...). Tandis qu'Edgar Morin cultive un certain romantisme, voire une part de mysticisme, le ministre se revendique « proche des Lumières ». Il assume le recours aux sciences – toutes les sciences – pour rénover le système scolaire français. Il considère aussi avec attention les apports des pédagogies alternatives, avec l'idée que certaines expérimentations gagneraient à intégrer l'école publique, notamment en maternelle et en primaire (travail sur l'éducation sensorielle, classes multiniveaux, compagnonnage...). Il prête également une attention soutenue aux comparaisons internationales. À ceux qui s'agacent de la multiplication de préconisations ministérielles, il répond qu'il n'impose pas de recettes, mais cherche à éclairer le chemin. Cette conception rationaliste est articulée à une finalité politique fondamentalement républicaine. En insistant sur la notion de « confiance », Jean-Michel Blanquer entend mettre ce qu'il appelle « les forces de vie » – l'action, l'optimisme, la coopération, l'altruisme, la créativité – au cœur d'un contrat social renouvelé. « Toute éducation est d'abord une éducation à la liberté », affirme-t-il : liberté individuelle de chaque individu dont l'autonomie doit s'accroître progressivement au fil des années scolaires ; liberté politique d'une nation qui doit se sentir soudée par un sentiment d'appartenance et habitée par la « fierté d'être soi-même ». Parce que l'école a le pouvoir de créer du commun, elle pourrait revitaliser un pacte républicain usé par le temps et fragilisé par la montée des inégalités et des communautarismes. En ce sens, son « école de la vie » est pensée comme un socle aussi bien pour les individus – qui développent les aptitudes indispensables pour accomplir leur existence – que pour la collectivité nationale, chaque classe étant conçue comme une petite République en puissance.

Tout discours sur l'école véhicule à la fois une expérience personnelle, des valeurs, des influences et des références. Ce dialogue entre Edgar Morin et Jean-Michel Blanquer donne à voir leurs principales sources de pensées. Des différences et des désaccords se font jour : sur le statut de la connaissance (qui n'épuise pas les mystères de la vie pour Edgar Morin), sur les neurosciences (le sociologue met en garde contre le risque réductionniste), sur les disciplines (structurantes ou asséchantes ?), sur les finalités politiques de l'éducation (créer un sentiment d'appartenance nationale ou relier chacun à la plus large communauté humaine ?). Il reste que les deux hommes forment le même vœu : transformer l'école pour la mettre au service d'un humanisme repensé. « Si l'humanité veut continuer à vivre, elle doit changer », disait Karl Jaspers peu après la Seconde Guerre mondiale. À l'heure où l'humanité se sait menacée par des périls mortels (multiplication des armes nucléaires, montée des populismes, dégradation de la biosphère, crises climatique, dérèglements de l'économie), les humains doivent acquérir la conscience qu'ils partagent une communauté de destin. Enseigner à vivre, c'est d'abord enseigner cette interdépendance sans laquelle nous périssons. Les deux hommes posent par leurs échanges les termes d'une discussion qui concerne chaque citoyen : penser les priorités de l'éducation dans une société dont les mutations s'accélèrent, regarder en face l'efficacité et l'équité de nos systèmes d'enseignement, anticiper les besoins anthropologiques, sociaux, économiques de demain, s'écouter mutuellement pour avancer collectivement dans la pensée. Et si le temps était venu pour un débat apaisé ?

Héloïse Lhérété

Éducation

Enseigner à vivre

Quel élève avez-vous été? Quelle a été votre propre expérience scolaire, en tant qu'enfant puis adolescent?

Jean-Michel Blanquer: J'ai beaucoup aimé l'école. Elle a été pour moi un lieu d'éveil de la sensibilité. Je garde encore aujourd'hui de nombreux souvenirs de mon école maternelle: des souvenirs de dessin, de musique, de rythmes. Les arts ont joué un rôle important dans mon enfance. J'ai encore en tête l'impression laissée en moi par la cinquième symphonie de Beethoven lorsque la maîtresse nous la fit découvrir. J'ai surtout aimé l'école primaire. Tout de suite, j'ai pris goût au français, à l'écriture, à la lecture, grâce à des institutrices qui étaient toutes des femmes remarquables. Je me souviens de chacune d'entre elles; chacune a marqué à sa façon mon entrée dans le savoir. Dès le début de l'école primaire, j'ai aimé écrire, des lettres, des poèmes, des chansons, des bandes dessinées, des nouvelles.

Je me suis sans doute moins plu au collège et au lycée. Probablement parce que l'adolescent que j'étais a senti que l'offre scolaire était moins ajustée à ses envies, à ce moment-là. Cela a dépendu beaucoup de chaque discipline et de chaque professeur. C'est très fréquent et toujours vrai aujourd'hui : le potentiel de l'enfant a parfois du mal à s'épanouir au collège et au lycée. Cette expérience subjective explique peut-être l'énergie que je mets à vouloir renforcer l'école primaire et rénover l'enseignement secondaire : ce que j'y ai vécu me conduirait plutôt à considérer qu'il faut perpétuer ce qu'il y a de très positif dans cette école primaire française depuis toujours en la renforçant par ce que nous savons aujourd'hui des mécanismes clés d'apprentissage de l'enfant.

Enfin, je ne serais ni complet ni tout à fait honnête si je ne parlais pas des deux choses qui ont été les plus importantes dans mon esprit d'enfant. Il y a d'abord eu le sport. Un jour, en CE1, en arrivant dans ma nouvelle école, j'ai découvert le football. C'est un sport dont je n'avais jamais parlé jusque-là avec mon père (cela changera ensuite !). L'émerveillement qu'a été ma première partie de football dans la nouvelle petite école où j'arrivais est encore gravé en moi. Tant de plaisirs de la vie s'illustrent dans ce jeu ! J'ai aussi découvert la camaraderie, chose dont un ministre de l'Éducation nationale ne parle jamais car elle relève moins directement de ses compétences. Il ne faut pourtant jamais en sous-estimer l'importance dans la vie quotidienne des élèves et leur devenir. L'amitié est au cœur de la vie. La nature du climat scolaire en favorise l'éclosion. On doit toujours y penser lorsque l'on a la responsabilité des enfants. La plupart de mes meilleurs amis sont ceux connus à cet âge, encore aujourd'hui.

Edgar Morin : Pour moi, tout a failli mal démarrer. Il faut dire que j'étais fils unique et couvé par mes parents dans le cocon familial protecteur. Mes parents m'ont gardé près d'eux le plus longtemps possible, et il a fallu attendre une convocation scolaire impérative pour m'emmener à l'école alors que les cours avaient déjà commencé. Mon père m'y a amené littéralement de force ! Il m'a extrait de l'appartement en me tirant par la main dans l'escalier. La concierge a dû entendre mes hurlements ! Arrivé devant la classe, je n'ai pas voulu entrer. Il a fallu me pousser à l'intérieur et l'instituteur a fermé la porte à clé derrière moi pour que je ne m'enfuie pas.

Bref, ce furent des débuts désastreux ! Puis je me suis peu à peu adapté. Il s'est trouvé de bons professeurs dans les classes primaires qui ont su cultiver mes penchants pour la lecture. Très tôt je fus un lecteur vorace : j'adorais lire. J'ai passé les années d'école primaire dans de bonnes conditions. Je me souviens même avoir écrit, vers l'âge de 10 ans, un petit roman que je faisais circuler auprès de mes camarades et qui s'appelait *L'Amour du bandit.*

Parmi mes souvenirs de classes, je me rappelle des noms de quelques professeurs marquants : M. Rolland en quatrième, M. Charbonnel en troisième, etc. Je me suis constitué une culture en autodidacte, parallèlement à ce que j'apprenais à l'école. Il est vrai que les mathématiques et les sciences n'étaient pas mon fort. Au lycée, j'ai même fait circuler un sonnet sur « Les horreurs de l'Algèbre » qui commençait ainsi :

« Si vous ne craignez point d'attraper la fièvre
Et si dans le non-sens votre âme fut pétrie
Suivez donc, insensé, suivez le cours d'Algèbre

Et si vous le pouvez, de la géométrie »…
et il se terminait par :
« Voulez-vous connaître un endroit inhumain ?
C'est tous les mercredis, en 2e A1 »

Ce n'est que bien plus tard que j'ai découvert le goût des sciences, notamment de la biologie. Il n'est jamais trop tard pour découvrir…

Vous avez en commun d'avoir exprimé dans vos livres respectifs le souhait d'une « école de la vie ». Que recouvre un tel programme ? S'agit-il de faire venir plus de vie dans les écoles – plus de famille, de culture, de loisirs, d'intervenants extérieurs… ? Ou, de manière plus ambitieuse mais aussi plus floue, de donner comme première mission à l'école non pas seulement de transmettre des connaissances, mais d'« enseigner à vivre », selon la formule de Rousseau ?

J.-M. B. : Cette expression est polysémique, vous avez raison de le souligner. Le jour où j'ai trouvé ce titre pour mon premier livre sur l'école[1], j'ai eu le sentiment de cristalliser beaucoup de choses que je voulais dire. Cette formule renvoie d'abord à la forme particulière de ce livre-ci, puisque s'entremêlent aux chapitres « objectifs », fondés sur l'analyse de l'école, des chapitres « subjectifs » rapportant des épisodes que j'ai moi-même vécus à travers mes responsabilités dans le système scolaire, en tant que professeur, recteur des académies de Guyane et de Créteil, puis directeur

1- Jean-Michel Blanquer, *L'École de la vie*, Odile Jacob, 2014.

de l'enseignement scolaire. L'école de la vie, c'est donc d'abord « l'école de ma vie », c'est-à-dire tout ce que je peux déduire de ma propre expérience de vie pour une philosophie de l'éducation et pour une méthodologie de l'action.

Ce titre renvoie en second lieu, plus fondamentalement, à cette « école de l'apprendre à vivre », dont l'idée apparaît chez Rousseau, dans l'*Émile,* lorsque le précepteur d'Émile dit : « je veux lui apprendre à vivre », expression qu'Edgar Morin reprend de façon récurrente. C'est une expression d'une ambiguïté extrême parce qu'elle est d'emblée vouée à l'échec. Personne ne peut apprendre à vivre à personne. Chaque expérience personnelle est nécessairement unique ; il n'existe nulle part de mode d'emploi de l'existence. Et chacun doit tracer son chemin. Pourtant, en même temps, à chaque fois, il faut essayer. C'est ce que chacun vit avec ses propres enfants, on ne fixe pas leur chemin. Ce n'est ni possible ni souhaitable. Mais on l'éclaire avec tout ce que nous savons déjà de la vie. C'est l'horizon de toute éducation. Il faut des adultes pour apprendre aux enfants à faire face aux défis, aux embûches, au sentiment d'incertitude qui se présenteront nécessairement à lui au cours de sa vie. Il y a là une vision de l'homme, une anthropologie, qui se trouve au cœur même du projet de l'éducation nationale : cette idée que l'être humain grandit par ses interactions sociales, qu'il existe et évolue dans le temps grâce et avec autrui. Tout acte d'enseignement procède d'un passé que l'on transmet, qui projette vers le futur et qui ensuite prendra son sens dans l'expérience au présent.

C'est un acte producteur de liberté car la connaissance donne de l'autonomie à celui qui la reçoit.

Cette expression a enfin un troisième sens. Elle fait référence à la vie, tout simplement, ou à ce que j'appellerai les forces de vie. Ceci peut paraître manichéen ou simpliste, mais lorsque l'on a un peu vécu, on se rend compte à quel point certaines situations et épreuves personnelles font surgir et s'affronter des forces de mort contre des forces de vie. Dans notre société, beaucoup de choses nous tirent vers les forces de mort, la négativité : les difficultés écologiques que rencontre la planète, la violence, le radicalisme, le racisme, l'antisémitisme, l'exclusion, le terrorisme, la guerre, les addictions… Face à toutes ces pentes fatales, je conçois l'école comme la force de vie par excellence. Elle est « l'école de la vie » au sens où elle est au service des forces de vie, de la vitalité créatrice. C'est ce que ressent, je crois, quiconque travaille ou vit quotidiennement en contact avec des enfants. Être professeur c'est d'abord aimer le savoir et aimer les enfants avec la force de vie qui en émane. C'est être agent de liaison entre ces deux trésors que sont le savoir et l'enfance.

E. M. : Selon moi, l'école doit concilier trois missions fondamentales : anthropologique, civique, nationale. Anthropologique, car non seulement la culture doit parachever l'humanisation de l'enfant, mais elle doit aussi aider chacun à développer le meilleur de lui-même, l'être humain étant capable du meilleur comme du pire, de s'abaisser ou de s'élever. Civique, car il s'agit de former des citoyens capables à la fois d'autonomie individuelle et d'intégration dans leur société. Nationale, car l'école doit contribuer à améliorer la qualité de vie et de pensée de la société française. Au fond, l'école doit permettre à chacun de vouloir réaliser ses aspirations, mais toujours au sein d'une communauté. C'est pourquoi je dirais qu'elle remplit pleinement son rôle lorsqu'elle parvient à enseigner conjointement l'idée de responsabilité personnelle et de solidarité à l'égard d'autrui.

C'est en ce sens que j'affirme que l'éducation doit « apprendre à vivre » : elle prépare à affronter les problèmes de sa vie personnelle et civique, à prendre conscience des risques d'erreur et d'illusion, à composer avec l'incertitude, les aléas, l'inattendu.

J.-M. B. : Cette définition me paraît assez complète. J'insisterais enfin sur le fait que l'ensemble de ces éléments me semble se rapporter à la question de la liberté. Toute éducation est d'abord une éducation à la liberté ; chaque acte d'éducation prend son sens par la dimension de liberté supplémentaire qu'il confère à l'enfant, à l'adolescent ou même à l'adulte. Cette liberté n'est pas acquise. C'est une liberté-construction, qui passe par l'acquisition progressive et structurée de connaissances et de valeurs : des connaissances qui permettent de s'élever, de trouver son domaine d'excellence, sa voie – qui n'est jamais figée ; et des valeurs qui sont au socle de la société. Chaque classe est une petite République, où l'enfant s'initie à la vie en société. Son paradoxe fructueux est qu'elle est une contrainte productrice de liberté. « Personne n'est libre s'il ne peut se commander à lui-même », écrit Pythagore. C'est exactement ce à quoi sert l'éducation, se connaître pour construire et définir sa propre liberté et la validité de notre avenir collectif.

L'idéal républicain est de plus en plus contesté : on lui reproche de nier la diversité des élèves au nom de l'universalisme. Ce modèle est-il encore pertinent aujourd'hui, alors que s'expriment d'autres revendications plus concrètes : permettre à chaque jeune de trouver sa voie, de s'épanouir et de s'insérer sur le marché du travail ?

J.-M. B. : Plus les facteurs de fragmentation existent dans notre société, plus nous avons besoin de l'idéal républicain. Nous avons besoin de ce socle de valeurs pour l'épanouissement de tous et la solidité de notre avenir collectif.

Je crois qu'il faut prendre garde à ne pas trop opposer les missions historiques de l'école. Elles sont là parce qu'elles sont fondamentales. En revanche, il faut les structurer dans le temps. La première partie de la scolarité, de la maternelle à la fin du collège, doit permettre à chacun d'acquérir ce socle de connaissances, de compétences et de culture non utilitariste qui permet de vivre, tout simplement. L'enfant apprend à lire, écrire, compter ; il doit aussi apprendre à respecter autrui. Il est possible d'offrir quelques différenciations, mais sans perdre de vue le plus important, qui est de donner à tous cette culture générale, ces humanités classiques et ces humanités numériques indispensables pour se diriger dans la civilisation où nous entrons.

Qu'une certaine dimension pratique et utilitaire intervienne plus tard, au lycée, ne me paraît pas du tout choquant, au contraire. La différenciation prend alors du sens, ne serait-ce que parce que les aspirations sont différentes d'un adolescent à l'autre. Nous travaillons en ce moment à l'avenir des lycées professionnels et de l'apprentissage, à la manière de les rénover. Il nous faut leur donner beaucoup plus d'attractivités au sein d'espaces nouveaux, concentrant enseignement professionnel, centres d'apprentis, formation continue et recherche universitaire. Nous nous y attelons avec la ministre du travail et avec la ministre de l'enseignement supérieur ainsi qu'avec les Régions. L'erreur consisterait à enfermer les élèves dans des couloirs ; il faut à l'inverse créer des passerelles entre les différentes branches de formation qui existent au lycée, à l'université, en formation continue.

E. M. : Il n'y a pas à choisir entre un savoir humaniste et un savoir-faire utilitariste, il faut concilier l'un et l'autre à tous les niveaux de la scolarité. J'ajoute que l'école ne doit pas seulement s'adapter aux besoins professionnels ou techniques d'une société; elle doit également adapter les besoins d'une société à ceux de la culture. S'inscrire dans son époque est nécessaire (ne serait-ce que pour la contester), mais doit toujours être contrebalancé par l'accès à une culture multiséculaire et multimillénaire, qui passe par les humanités, la littérature, l'histoire ou encore les langues anciennes. De ce point de vue, je me réjouis, par exemple, que Jean-Michel Blanquer ait rétabli la possibilité d'étudier le latin ou le grec dans la plupart des collèges.

Souhaiteriez-vous voir évoluer les programmes scolaires ?

E. M. : Si je prends au sérieux cette idée d'enseigner à vivre, je crois qu'il existe des carences fondamentales dans les programmes scolaires. En particulier, il manque un enseignement sur ce qu'est la connaissance, ses dispositifs, ses infirmités, ses difficultés. La connaissance, ce n'est pas une photographie objective de la réalité, prête à l'emploi ; c'est un processus de traduction et de reconstruction, où l'on risque toujours de se tromper. Toute communication comporte un risque d'erreur, bien démontré par le mathématicien Claude Shannon. Or justement, l'un des besoins premiers du vivre, à tous les âges de la vie, c'est de connaître les sources possibles de ses erreurs et illusions. La lucidité est un combat pour lequel il faut armer les esprits. Ce n'est pas grave de se tromper à l'école. Mais on peut aussi se tromper, avec des conséquences plus dramatiques, sur le choix de la carrière, sur le choix de l'amitié, sur le choix amoureux, sur le choix politique. Le risque d'erreur et d'illusion est permanent pour l'humanité.

Il existe un autre thème qu'il me paraît indispensable d'introduire : celui de la compréhension d'autrui. Sa portée est planétaire. Nous sommes sans cesse en contact avec des cultures de tous les pays du monde qu'il nous faut comprendre.

À l'intérieur de chaque famille, de chaque organisation, les phénomènes d'incompréhension sont multiples.

Voilà donc les deux lacunes actuelles : la connaissance et la compréhension humaine. Éviter au maximum des erreurs, qui peuvent être parfois mortelles, et comprendre autrui sans le mépriser, savoir qu'autrui est à la fois semblable et différent.

J.-M. B. : Je retiens particulièrement cette idée d'Edgar Morin : il me semble fécond d'expliciter les enjeux de vie qui se dissimulent derrière les enseignements, en particulier au début de chaque grand cycle. L'enfant y est prêt. Il existe par exemple différentes expériences d'ateliers philosophiques à l'école maternelle, grâce auxquels l'enfant commence à acquérir une sorte de conscience de la vie, un art de prendre du recul par rapport aux choses et aux émotions. Avec la découverte de la culture, de l'art et de la musique, il déploie sa sensibilité… C'est une épistémologie souvent inconsciente, qui est déjà présente dans les classes mais qu'il faut expliciter davantage. La classe de sixième se prête aussi à ce type d'explicitation, parce qu'il s'agit d'un moment initiatique. L'enfant rentre dans une sorte de préadolescence, il se sent « devenir grand ». Nos sociétés sécularisées ont besoin de réinventer ce qui existait dans les sociétés d'autrefois : une forme d'initiation marquant l'entrée dans l'adolescence. L'épistémologie, c'est-à-dire la connaissance de la connaissance pour aller dans le sens d'Edgar Morin, peut y contribuer.

Cela va de pair avec ce que l'on appelle maintenant la métacognition, c'est-à-dire notre propre capacité à évaluer ce que nous savons et ce que nous ne savons pas. Les sciences cognitives nous démontrent l'importance de développer cette approche qui nous donne du recul sur nous-même et nous permet ainsi d'avancer. Avoir une connaissance de la connaissance et comprendre autrui sont en fait les deux faces d'une même démarche intellectuelle et morale. C'est ainsi que l'on prend conscience qu'il n'y a pas une frontière étanche entre la transmission des savoirs et la transmission des valeurs.

Edgar Morin, dans votre livre, Enseigner à vivre, *vous consacrez un chapitre à l'histoire de France. Comment enseigner cette histoire sans tomber dans l'écueil d'un roman national patriote et mythifié ?*

E. M. : Je pense pour ma part que l'histoire de France doit continuer à être enseignée de façon chronologique. Cette histoire est suffisamment romanesque et pathétique en soi pour qu'il n'y ait nul besoin de fabriquer un « roman national ». La faire connaître me paraît indispensable en cette période de crise de l'intégration, parce qu'elle permet de comprendre le processus de francisation du territoire. Toute l'histoire de France peut être lue comme la formation progressive d'une unité multiculturelle, à partir d'une petite région d'Ile-de-France sous Hugues Capet : il a fallu intégrer des peuples hétérogènes, Bretons, Alsaciens, Languedociens, Catalans, Flamands qui avaient des langues et des cultures différentes. Cette intégration s'est faite par la brutalité mais aussi par les mariages mixtes, la communication et les échanges. C'est une histoire singulière, complètement différente, par exemple, de l'histoire non seulement américaine mais aussi allemande ou italienne.

J.-M. B. : Je fais mien ce que dit Edgar Morin de l'histoire. C'est très juste. Il me paraît important que cette trajectoire de la construction nationale soit comprise pour pouvoir y adhérer, pour pouvoir l'incorporer. L'évolution des programmes qui vient d'avoir lieu va dans ce sens. L'histoire de France est un récit d'une richesse et d'une densité inouïes. Transmettre cette connaissance, c'est aussi transmettre un sentiment. C'est s'assurer que les générations suivantes ne scieront pas le rameau ou même le tronc qui les portent.

La question de la pluridisciplinarité vous oppose. Edgar Morin, vous en prônez depuis longtemps l'usage pédagogique ; Jean-Michel Blanquer, vous semblez plus circonspect. Faut-il conserver l'organisation de l'enseignement par discipline ou évoluer vers d'autres approches plus transversales ?

E. M. : Vous touchez au noyau du problème de l'école. L'une des urgences est de retrouver le sens des grands problèmes. Or, par bonheur ou par malheur, tous les grands thèmes sont polydisciplinaires, si bien qu'ils finissent par être écartés des programmes ! Prenez par exemple la question de l'être humain, qu'est-ce qu'un être humain ?

La réponse n'est enseignée nulle part, alors qu'elle touche au plus profond de notre identité. Elle se trouve éclatée, en biologie, en psychologie, en sociologie, en littérature, en histoire, etc. Je propose d'insérer dans les programmes l'identité et la condition humaine, ce thème est le noyau de mon œuvre.

En compartimentant les connaissances à travers des disciplines, on forme des compétences spécialisées, on atrophie la capacité à relier ces connaissances et donc à considérer les problèmes dans leur globalité. C'est pourquoi je pense qu'il faut faire un usage beaucoup plus fréquent de l'interdisciplinarité pédagogique. Lorsqu'on étudie Galilée, il faudrait solliciter à la fois le professeur de physique, le professeur d'histoire et celui de philosophie… La crise de 1929 intéresse aussi bien les économistes, les sociologues et les historiens. On pourrait multiplier les exemples.

J.-M. B. : Je ne suis évidemment pas un adversaire de l'interdisciplinarité. Chacun sait que le savoir évolue grâce à l'intersection et au frottement des disciplines. Comme enseignant-chercheur, je l'ai toujours prônée. Sous l'angle de la recherche, ce que dit Edgar Morin me semble ne faire aucun doute. Sous l'angle de la pédagogie, cela me paraît plus complexe. D'abord, il faut reconnaître que la plupart des disciplines telles que transmises par la culture scolaire ont une dimension interdisciplinaire. Les cloisons ne sont ni fixes ni étendues. Ensuite, il existe un risque à privilégier à tout prix l'interdisciplinarité : celui de plonger dans un grand tout où se dilue la connaissance. La connaissance a besoin de points d'entrée pour être concrète. Edgar Morin, enfant, a lu des centaines de livres. Le cinéma a également été important pour lui. Il s'est construit une culture générale. Or je crains que certaines approches thématiques ne se fassent aujourd'hui au détriment d'un enseignement explicite. Si l'on n'a pas compris ce que sont un sujet, un verbe, un complément, on ne comprendra pas les subtilités d'un roman de Dostoïevski. Étudier les auteurs dans un ordre logique permet de comprendre pourquoi leur langue évolue avec l'histoire de l'humanité. Les mots-clés, pour moi, sont *structuration* et *explicitation.* Recevoir une culture structurée et explicite est à mon avis le préalable nécessaire à une pensée de la reliance comme celle d'Edgar Morin. Rimbaud ne serait pas Rimbaud sans la culture scolaire dans laquelle il puise son génie. Un enfant a besoin de points de repère et de catégories pour avancer. L'échafaudage permet de construire l'immeuble quitte à faire disparaître ensuite l'échafaudage.

Concrètement, faut-il maintenir, dans les programmes de collège, des activités interdisciplinaires comme les Espaces pédagogiques interactifs (EPI) ou faut-il les supprimer ?

J.-M. B. : J'ai laissé la possibilité à chaque équipe de chaque collège de faire le choix de les maintenir ou non car ces EPI avaient abouti à des expériences intéressantes et à d'autres beaucoup plus discutables. Je suis fidèle en cela à ma méthode qui consiste à faire confiance. Pour aboutir ainsi à ce qui marche et à changer ce qui ne marche pas. Il faut surtout travailler sur l'interdisciplinarité au sein même de chaque discipline. En français, cela suppose non seulement d'étudier les auteurs, mais de faire des incursions vers l'histoire, la sociologie, la science, etc. C'est pour cela que je me suis prononcé en faveur d'une approche chronologique de la littérature, pour tisser des liens avec l'histoire. Le manuel d'enseignement scientifique commun à tous les élèves de première et de terminale générales offre un enseignement intégré des sciences (sciences de la vie et de la terre, sciences physiques et mathématiques). Il permet d'aborder les enjeux de notre temps, notamment les enjeux climatiques, selon une démarche logique et robuste. J'ajoute que l'école primaire française est déjà très « morinienne » puisque la classe y est animée par un seul maître formé à faire des ponts entre les savoirs. Et l'histoire et la géographie, par exemple, ce sont bien deux disciplines liées par un seul professeur, de même que la sociologie et l'économie qu'enseignent les professeurs de sciences économiques et sociales.

C'est aussi par nos méthodes d'évaluation que l'on peut inciter naturellement à l'interdisciplinarité, par exemple en proposant pour le brevet une épreuve d'histoire de l'art.

E. M. : L'interdisciplinarité suppose la discipline. Ce n'est pas la confusion mais la reliance. Être interdisciplinaire, ce n'est pas être antidisciplinaire. C'est faire communiquer les différentes disciplines, c'est nourrir son esprit et complexifier sa pensée. Des sciences comme l'écologie, les sciences de la terre, l'astrophysique sont déjà transdisciplinaires. Les disciplines sont très fécondes lorsqu'elles s'ouvrent. Cela dit, il y a des sujets qui sont interdisciplinaires, d'autres qui ne le sont pas. Les grands sujets comme « qu'est-ce que l'homme dans le monde? » nécessitent une nouvelle formation transdisciplinaire. Le magazine *Sciences Humaines*, créé par Jean-François Dortier, fait partie de ces rares espaces pour penser l'humain de façon transdisciplinaire.

Jean-Michel Blanquer dit justement qu'il faut une culture structurée, mais la fermeture disciplinaire empêche toute culture et toute structure. Ce qui structure, c'est une pensée comportant une méthode qui permette de concevoir les complexités, c'est-à-dire de lier l'un au divers, de percevoir la complémentarité des idées antagonistes (Pascal disait « Le contraire d'une vérité n'est pas l'erreur, mais une vérité contraire »), de saisir les interactions, les rétroactions et les récursions (processus où les produits sont nécessaires à la production de leurs producteurs) ainsi que les émergences (où l'organisation d'un tout produit des qualités absentes des parties) et le fait que dans les réalités complexes non seulement la partie est à l'intérieur du tout, mais également que le tout est à l'intérieur des parties, comme individu et espèce ou individu et société.

Un enfant qui a passé quinze ans à l'école a vu essentiellement des professeurs, des tableaux, des cahiers.

Il doit faire un choix d'orientation pour sa vie. Il doit aussi se préparer à gérer un budget, à prendre sa santé en main, à composer avec l'altérité humaine. Jusqu'où marier votre objectif commun d'« enseigner à vivre » avec la forme scolaire ?

J.-M. B. : L'école de la vie, qui est effectivement un concept que nous avons en commun, ne peut exister sans une capacité à connaître l'extérieur. L'école est un sanctuaire, mais un sanctuaire ouvert sur le monde. Il me semble très important de développer la capacité de l'école à voir au-dehors. Il existe aujourd'hui des élèves qui n'ont jamais vu la mer ; il existe des élèves qui n'ont jamais vu le centre de la ville de la périphérie dans laquelle ils vivent. Dans les temps futurs, je vais donc prendre des initiatives pour développer les voyages scolaires, des classes vertes, de neige et de mer en tant que ministre de l'Éducation nationale mais aussi en tant que ministre de la Jeunesse.

Il faut aussi donner une plus grande place aux savoirs pratiques, mieux valoriser les travaux manuels, sans opposer ou hiérarchiser intelligence manuelle et théorique. De ce point de vue, ce que fait l'association La main à la pâte, à l'école primaire et au collège, est très pertinent : initier à la démarche scientifique par la manipulation et l'expérimentation, relier la pensée scientifique aux enjeux actuels dans une perspective pluridisciplinaire.

Enfin, je crois à la transmission artistique et culturelle pour relier l'école à la vie. La littérature est une école de la vie. L'art et la musique aussi.

C'est une conviction que j'ai partagée dans une grande communauté de vue avec Françoise Nyssen et maintenant avec Franck Riester. Ce que nous avons proposé avec « la rentrée en musique » n'était pas anecdotique. Il s'agit de montrer que l'on rentre à l'école avec bonheur ; la culture, en l'occurrence la musique, est un fil directeur de ce qui doit se passer ensuite : l'école doit être un viatique pour s'exprimer et s'épanouir en tant que personne. C'est aussi l'objectif du « plan mercredi » auquel nous travaillons avec les communes mais aussi avec les ministères de la culture, du sport et des affaires sociales : impliquer tous les élèves dans des activités périscolaires, en faisant travailler de concert l'Éducation nationale et les associations, les chorales, les ateliers de dessin ou les clubs d'échecs… Je parlerai désormais d'éducation artistique, culturelle et sensorielle. C'est une façon d'insister sur les cinq sens, par lesquels nous accédons à la culture. On pense spontanément à la vue et à l'ouïe mais le goût est aussi une dimension essentielle, particulièrement en France, sur laquelle nous allons insister.

E. M. : Enseigner à vivre, ce n'est pas donner des recettes. Les humanités ont un grand rôle à jouer. La littérature est un accès extrêmement concret à la connaissance de l'être humain. La philosophie, c'est l'apprentissage de la réflexivité, c'est un outillage pour réfléchir au second degré à tout ce que l'on fait dans la vie. Le cinéma, le théâtre, la poésie, l'art et la musique, ce sont aussi de la passion et de l'émotion à travers lesquelles passe de la connaissance. Or nous savons que les idées ne se transmettent qu'avec de la passion. S'il n'y a pas de passion, l'esprit s'assèche, nous sommes condamnés à débiter des savoirs desséchés. L'une des grandes découvertes des sciences du cerveau, que l'on retrouve chez Jean-Didier Vincent ou Antonio Damasio, est qu'il n'y a pas de siège de la raison pure. Dès qu'un centre rationnel est excité, un centre émotionnel l'est aussi. Autrement dit, nous avons besoin en permanence d'une dialectique raison/passion. La raison glacée, c'est épouvantable ; la passion sans raison, c'est le délire.

Pédagogies

Quels professeurs pour demain ?

Les pédagogies alternatives font actuellement l'objet d'un fort engouement. De nombreuses écoles s'inspirant de Maria Montessori, en particulier, ont ouvert leurs portes ces dernières années. Elles s'offrent comme une alternative à une culture scolaire souvent jugée élitiste et stressante. Faudrait-il davantage diffuser ces pédagogies au sein de l'Éducation nationale ? Et si oui, jusqu'à quel cycle ?

J.-M. B. : Je suis d'abord le ministre des professeurs. C'est, à mes yeux, la meilleure façon d'être le ministre des élèves. À ce titre, la pédagogie est le sujet fondamental, le premier d'entre tous. J'essaie de l'aborder avec pragmatisme. Nous devons veiller à ce que la meilleure des pédagogies possibles puisse exister chaque jour, dans chaque lieu, en nous appuyant à la fois sur l'expertise des professeurs et sur les enseignements de la recherche universitaire. J'aimerais contribuer à ce qu'au XXIe siècle, en France, on dépasse le clivage stérile entre une pédagogie verticale, du maître à élève, et une pédagogie moderne qui serait plus participative. Les conceptions classiques, au sens fort de ce terme, valident déjà l'idée d'une participation des élèves à leur propre connaissance. Des penseurs comme Maria Montessori n'ont fait qu'enrichir et renouveler la vision socratique de la maïeutique. Il me paraît évident que l'élève ne peut pas être purement réceptif; il doit évidemment participer pour acquérir de la connaissance. Il ne faut pas non plus tomber dans le travers symétrique, le constructivisme, en arguant que l'enfant va trouver par lui-même le théorème de Pythagore et refaire par son génie propre, et spontanément, le chemin que l'humanité a accompli en plusieurs siècles. Nous travaillons à une pédagogie explicite, structurée, progressive, qui me paraît être la meilleure voie pour engager l'élève dans la connaissance. Car toute acquisition, y compris des matières les plus rationnelles comme les mathématiques, suppose une compréhension intime de l'enjeu de transmission.

Concrètement, comment les enseignants peuvent-ils articuler la transmission verticale de la connaissance et la participation des élèves? Faut-il y consacrer des temps successifs dans la classe?

J.-M. B. : Chaque cas est particulier; il n'existe pas de modèle unique en la matière. La plupart des professeurs savent d'ailleurs très bien organiser leur enseignement de façon équilibrée et efficace. Ils ont une grande conscience de la nécessité de cette mixité nécessaire entre transmission de connaissances et participation active des élèves. La connaissance ne vient pas de nulle part, il faut la produire et la délivrer de façon structurée; la participation des élèves est tout aussi indispensable, car elle est le vecteur qui permet l'acquisition de ce savoir. On apprend bien ce que l'on aime bien. Le professeur ne transmet pas seulement un contenu mais une passion. C'est parce qu'il en a conscience qu'un professeur réussit son cours. Il dosera selon les contextes et les moments : il peut être pertinent de faire plusieurs heures de cours magistral, de n'en faire aucun, ou encore de créer différentes séquences. Je crois que c'est quelque chose d'assez simple et intuitif, qui permet d'imaginer des formules adaptées à chaque situation et à chaque public. S'agissant des tout premiers âges de la vie et notamment de l'école maternelle, il est vrai que la méthode Montessori présente beaucoup d'intérêt et c'est pourquoi je l'ai encouragé dans le secteur public. C'est une approche très pragmatique, fondée sur l'observation des jeunes enfants. Nombre des idées de Maria Montessori ont une grande permanence. Par exemple, je suis très attaché au compagnonnage, à la mixité des âges. Les enfants gagnent beaucoup à être mélangés, entre petite, moyenne et grande sections dans les classes d'école maternelle. Cette inspiration peut tout à fait exister dans le secteur public.

E. M. : La plus grande difficulté du moment présent est de trouver la bonne combinaison entre autorité et liberté, face à des générations souvent plus rétives qu'autrefois à la discipline. Comment former, aider, civiliser, sans domestiquer ? L'autorité reste nécessaire, mais il est préférable qu'elle s'impose d'elle-même, par le prestige, la qualité et la présence humaine. Il faut de la liberté, mais elle ne doit pas faire exploser tous les cadres.

Certains enfants ont besoin de discipline pour se structurer ; d'autres vivent la discipline comme une contrainte épouvantable. Ils se font renvoyer de leur établissement parce qu'ils sont indisciplinés, alors qu'ils ont des qualités qu'ils pourraient développer dans des écoles tangentes. Nous avons encore beaucoup à expérimenter et à inventer en matière de pédagogie. Je signale toutefois qu'il se développe de multiples expériences marginales très diverses mais toutes fondées sur une relation de compréhension et de respect mutuels entre enseignants et enseignés. Il y en a quelques exemples dans le film *Enseigner à vivre* d'Abraham Segal.

La notation peut générer des sentiments de stress, d'humiliation, de découragement chez certains élèves. Êtes-vous favorable à la suppression des notes, comme y appellent certains chercheurs ?

J.-M. B. : Non. Je pense que l'on doit encourager les formes pertinentes de l'évaluation, en les dédramatisant. Le problème, ce n'est pas qu'il y ait des notes mais que l'erreur soit conçue comme un échec humiliant.

Chaque enfant, chaque être humain en réalité, a besoin de s'évaluer pour avancer. Les sciences cognitives démontrent d'ailleurs qu'il est bon de se tester le plus souvent possible pour « cranter » de la connaissance. On le voit en sport par exemple. Je suis très attentif à des théories comme celles d'André Antibi qui permettent d'éviter « l'évaluation-sanction » pour aller vers « l'évaluation-levier » en proposant un contrat de confiance à l'élève en début d'année pour accompagner ses progrès grâce à l'évaluation.

Le savoir est désormais accessible partout sur téléphone mobile, tablette ou ordinateur. Comment penser le rôle de l'enseignant à l'heure des nouvelles technologies ?

E. M. : Le rôle de l'enseignant a changé, je dirais qu'il pourrait s'anoblir. Jusqu'à présent, l'enseignant distribuait les connaissances, puis demandait dans un second temps de réfléchir. Or aujourd'hui, le professeur d'histoire n'a plus besoin de débiter le récit de Waterloo. Les élèves peuvent aller le chercher par eux-mêmes. L'enseignant devient un directeur des connaissances qui guide les élèves dans l'océan confus et chaotique des connaissances accessibles sur Internet. Il donne au sujet une vision contextualisée, globalisée et réflexive grâce à son savoir plus large et compétent. Le professeur devient un directeur de connaissances.

J.-M. B. : Il s'agit plus précisément d'une redécouverte de ce qu'est le professeur historiquement. Le professeur bénéficie aujourd'hui des conditions techniques pour devenir, en quelque sorte, un « précepteur augmenté » c'est-à-dire un pédagogue qui dispose d'outils pour personnaliser le parcours de chaque élève. Dans le monde de demain, il peut redevenir un personnage central de notre société. J'ai une vision très optimiste de ce sujet, à rebours de toutes les visions simplistes. Le métier de professeur ne va pas se dissoudre dans la société hyper-technologique. Ce n'est pas parce que l'accès à la connaissance est désormais quasi-infini que cela nous exonère d'un devoir de transmission des connaissances aux élèves, bien au contraire. Pour apprendre à apprendre, il faut d'abord apprendre. En tant que détenteur d'un savoir structuré et approfondi, le professeur sera celui-là même capable de guider chacun, enfants comme adultes avec le développement de la formation tout au long de la vie, dans l'océan chaotique des informations disponibles en ligne. Il continuera à transmettre des connaissances, car cette mission est encore plus nécessaire dans le monde tel qu'il est. Il ne sera pas remplacé par un robot ; il s'en servira. Le professeur peut être, dans la nouvelle civilisation qui commence, l'emblème d'une relation réussie entre l'homme et la machine, où l'homme reste le maître.

Quelle place réserver à Internet au sein de l'école ? Faut-il s'en servir, y former les élèves, ou au contraire en limiter l'usage ?

J.-M. B. : Les réalités technologiques ont leur place dans l'école, parce qu'elles ont déjà commencé à transformer le monde de façon inédite. Nous vivons avec elles et devons donc apprendre à en tirer le meilleur profit. Il y a des cours à distance, des moocs, des applications et de l'interactivité numérique. Il y aura de l'intelligence artificielle et des robots. Nous y travaillons avec intensité. J'ai exposé les termes de notre vision collective dans un discours à l'université d'été de l'éducation numérique « Ludovia » (discours du 21 août 2018 à Aix-les-Thermes[1]). Les deux mots-clés sont ceux de protection et d'ambition. La protection car nous devons créer un cadre de confiance pour nos élèves et leurs familles : protection des données, lutte contre les addictions aux écrans (avec, par exemple, l'interdiction du téléphone portable au collège), lutte contre le cyberharcèlement, etc. Nous avons aussi besoin d'ambition, de façon à tirer tout l'avantage des différentes révolutions numériques pour faire progresser nos élèves. Cela commence par l'apprentissage systématique de la programmation. Mais cela se traduit aussi par des innovations importantes comme l'introduction totalement inédite au lycée d'une discipline consacrée au numérique et à l'informatique, la création de formations nouvelles et de diplômes universitaires pour les enseignants, et l'ouverture d'un CAPES « numérique et sciences informatiques ». Pour moi, la grande question de notre époque est de savoir si un monde de plus en plus technologique peut être un monde de plus en plus humain. Comment peut-on utiliser toutes les virtualités de manière humaniste ? Les autres grands enjeux actuels – comme le climat, le radicalisme religieux ou la mutation de l'économie – ne font que s'agréger à cette question anthropologique centrale. Or, je crois intimement que la réponse passe par l'école : par l'éducation aux médias et le développement de l'esprit critique, bien sûr, mais aussi par le caractère central de la bibliothèque,

1- https://www.education.gouv.fr/cid141148/le-numerique-au-service-de-l-ecole-de-la-confiance-discours-de-jean-michel-blanquer.html

au sens physique comme au sens symbolique. L'école doit offrir la capacité à lire des livres et des articles, à être en silence, concentré, ce qui est un enjeu très important de l'anthropologie de l'adolescence contemporaine. En même temps, ce même lieu doit offrir des espaces plus collectifs, numériques, pour permettre aux élèves de chercher des connaissances, de les ramener en cours et de les y questionner.

Nous devons encourager les capacités d'exploration et de concentration qui peuvent être mises à mal par la tendance contemporaine au *zapping*.

Et nous devons consacrer et réinventer l'institution par excellence de savoir qui doit se trouver au centre de toute institution de connaissance : la bibliothèque.

Vous semblez admettre tous deux que ce métier de professeur est en cours de redéfinition. Quel est selon vous le prof idéal ?

J.-M. B. : La caractéristique fondamentale ne change pas. C'est celle dont Edgar Morin a déjà parlé : la passion. Il faut avoir envie. Il faut cet Élan vital au sein de la fonction professorale. On devient professeur parce qu'on a envie de transmettre, viscéralement. Moi qui vous parle, je suis actuellement Ministre de l'éducation, mais je suis d'abord un professeur. Je ne suis pas en train d'enseigner ; nous discutons… Et pourtant, j'ai toujours le désir d'enseigner. Si vous m'annonciez que je devais donner un cours ce soir, je serais le plus heureux des hommes. C'est l'une des choses les plus extraordinaires qui soit, je trouve, que d'être en interaction avec des jeunes, ou quelque public que ce soit, et d'avancer ensemble vers la connaissance. Ne s'agit-il pas de l'une des plus belles fonctions humaines qu'on puisse imaginer ? Avec le savoir acquis, ce plaisir et cette passion forment le socle fondamental du métier. Cela ne changera jamais.

E. M. : Beaucoup d'entre nous ont fait l'expérience d'un enseignant qui les a marqués. Les meilleurs professeurs laissent une empreinte pour la vie ; ils aident à devenir soi-même : ce sont ceux qui ont importé leur passion dans leur enseignement, avec un sens très élevé de la mission enseignante. Je pense qu'il faut réhabiliter le terme de « mission » dans l'Éducation nationale. Un professeur, ce ne peut pas être seulement une fonction, une profession ou une expertise. C'est une tâche de salut public, qui exige de l'amour et de la foi : une mission.

Souhaitez-vous voir changer le mode de recrutement et la formation des professeurs ?

J.-M. B. : Certainement, oui. C'est le sens de la réforme portée par la « loi pour une école de la confiance ». Pour entrer dans cette profession, la clé reste cet amour et cette envie : il faut être animé du désir de voir progresser et s'épanouir les enfants. C'est l'élément premier. Je pense donc qu'il faut donner aux étudiants le temps d'éprouver leur motivation, en leur permettant de découvrir davantage, par l'alternance, la réalité des classes, des élèves, du métier. Nous allons donc développer le pré-recrutement qui nous permettra d'accompagner financièrement et pédagogiquement les futurs professeurs dès le début de leurs études. Ensuite, deux points me paraissent essentiels concernant la formation des futurs professeurs : d'une part la formation doit puiser au meilleur de la recherche internationale ; d'autre part elle doit se dérouler en lien ténu avec la pratique. Je fais souvent la comparaison avec les études de médecine. Si vous faites confiance à votre médecin, c'est parce qu'il a été formé par des gens qui eux-mêmes se tenaient à jour sur leurs sujets de compétences, tout en se formant la moitié du temps à l'hôpital avec de vrais patients. Les médecins nous paraissent compétents parce qu'ils ont ce double ancrage dans la théorie et la pratique. Pour former des professeurs, il faut se tenir à la pointe de la recherche universitaire, tout en continuant à enseigner face à des élèves, dans des classes. Or aujourd'hui, de ce point de vue, la situation est imparfaite. Avec cette réforme, nous aurons des instituts reliés à l'excellence de la recherche internationale et une majorité d'intervenants qui seront des praticiens, c'est-à-dire des professeurs continuant à enseigner devant des élèves à mi-temps et partageant leurs connaissances de terrain avec les apprentis-professeurs sur leur autre mi-temps. L'éducation nationale aura une plus grande maîtrise de ce qui se réalise en la matière ce qui est légitime puisqu'elle est l'employeur de ces futurs professeurs et qu'elle dépend très fortement de la qualité de la formation reçue par ceux-ci. Par exemple, nous devons veiller avec un très grand soin à ce que tous les futurs professeurs des écoles soient bien formés aux enjeux d'apprentissage de la lecture. C'est ainsi que ces instituts peuvent être les têtes de pont d'une épistémologie renouvelée à la lumière des différentes évolutions du XXIe siècle. C'est un enjeu majeur. Un tel bagage positionnerait les professeurs aux avant-postes de la société qui vient, dans un moment exaltant où nous devons collectivement bâtir les conditions d'une société intelligible, confiante en elle-même, plus respectueuse de la nature et de la culture et, grâce à cela, plus optimiste.

E. M. : Il faudrait également enrichir la formation des enseignants dans certains domaines transdisciplinaires. Les grands sujets à intégrer dans les programmes scolaires doivent d'abord être pensés au sein des ESPE : Qu'est-ce que connaître ? Qu'est-ce que l'être humain ? Que comprenons-nous d'autrui ? Qu'est-ce que l'univers ? Initier les enseignants à ces thèmes transdisciplinaires permettrait non seulement d'enrichir leur culture mais d'accroître leur réflexivité et leur recul sur leurs pratiques. On pourrait lancer une expérience dans quelques lycées pilotes pour en observer les résultats.

J.-M. B. : Je suis totalement morinien sur ce point. Edgar Morin a une visée épistémologique qui me paraît très structurante. Cette notion même d'épistémologie devrait être au cœur de la formation des professeurs : il faut non seulement avoir des connaissances pour les transmettre, mais aussi avoir une connaissance et une conscience de ce qu'est la connaissance. Cette conscience épistémologique est le meilleur antidote au relativisme généralisé, où nous risquons de nous abîmer collectivement. Cette réflexion peut en effet prendre racine au sein de certains établissements pilotes, j'y suis favorable.

Les études de santé commencent après le baccalauréat, dès la première année d'études supérieures. Sur ce modèle, êtes-vous favorable à un pré-recrutement des professeurs dès la première année de licence, avec un système de cinq ans d'école, comme en Suisse par exemple ?

J.-M. B. : Oui, j'y suis très favorable. Il faut distinguer les étudiants qui se destinent au premier et au second degré. Mais, dans les deux cas, le parcours doit être pensé pour donner les compétences disciplinaires et pédagogiques par les enseignements reçus et par l'expérience. C'est une forme d'alternance. Pour le second degré, il est souhaitable que les futurs professeurs aient suivi un enseignement approfondi dans la discipline qu'ils veulent enseigner. Les concernant, je pense qu'on gagnerait à privilégier une formation mixte, associant des contenus disciplinaires à un développement de leurs compétences pédagogiques tout au long de leur parcours.

La loi pour l'école de la confiance introduit le pré-recrutement et va nous permettre d'accompagner, dès leur 2e année, les étudiants qui se destinent à être professeurs.

Beaucoup d'enseignants ont la passion du métier ; ils sont très investis au quotidien, pour les élèves, mais se sentent soumis à des injonctions complexes, lourdes et contradictoires. Il leur faut instruire, éduquer, éveiller, apaiser, orienter… Ils peuvent éprouver le sentiment épuisant d'être pris pour les thaumaturges de la société française. Ne leur en demande-t-on pas trop ?

J.-M. B. : C'est une remarque très juste, mais qui mérite d'être contextualisée. Il y a eu en quelques décennies une dévalorisation du rôle des professeurs dans nos sociétés et, parfois, des conditions de travail qui sont devenues difficiles en raison des problèmes de société. La démoralisation de certains professeurs fait partie d'un mouvement plus général de doute et de morosité. J'essaye de participer, avec Emmanuel Macron, à un élan politique pour réinsuffler une énergie positive. Notre action est tendue vers cet objectif : rendre de l'optimisme, du sens des responsabilités, loin de toute pensée magique et de tout fatalisme. Je ne pense pas que la France soit pessimiste ou inquiète par nature. Les siècles précédents ont été le théâtre d'un optimisme français, d'un sourire français. Il existe un art français du bonheur et du rire, de la bonne humeur, du plaisir, du partage, de la confiance et de la foi dans le progrès. Je cherche personnellement à me rattacher à cette tradition. Je cherche aussi à y rattacher l'école, car je considère comme une forme de bienveillance d'aider les jeunes générations à se projeter avec optimisme dans le futur. C'est notre devoir vis-à-vis des enfants et des adolescents. Il y a tant de soleils noirs qui leur sont présentés ! Nous devons leur montrer les beautés de la vie et les opportunités du futur. L'optimisme est pour moi la condition pour remédier à cette fatigue générale, qui est avant tout morale et psychologique. Cette fatigue a aussi des causes très concrètes et pratiques. C'est pourquoi figure au rang de mes premières priorités la question du pouvoir d'achat des professeurs. Au cours de ce quinquennat, la rémunération d'un professeur débutant aura augmenté de 1 000 euros annuellement. Les professeurs en Rep+ verront leur prime augmenter de 2000 euros net par an. En 2020, 299 millions permettent de soutenir leur pouvoir d'achat. Nous devons aussi avoir un système de carrière beaucoup plus fluide, beaucoup plus personnalisé où le mérite aura une plus grande part. C'est pourquoi nous développons en ce moment même la gestion des ressources humaines de proximité qui permet de dialoguer avec chacun sur sa situation et ses perspectives. Enfin et surtout, je prête une attention décisive à la question du bien être au travail. Nous avons mis au point de nouvelles mesures pour veiller à la sécurité et au bon climat scolaire dans chaque établissement de France.

E. M. : Il ne faut pas éluder ce problème, ni nier les causes historiques, bien réelles, à cette démoralisation : les professeurs ont perdu une part de leur prestige et de leur autorité, ils sont souvent accablés par des familles qui les méprisent, les agressent ou font pression sur eux, ils sont soumis à la concurrence d'autres canaux de savoirs et sont accablés de tâches administratives au détriment de leur mission pédagogique, le tout dans des conditions matérielles qui symboliquement et pratiquement les dévalorisent. Ils ont aussi leur part de responsabilité, car ils ont failli dans une tâche importante : ils auraient dû faire une meilleure analyse du monde social, plutôt que de se laisser noyer par lui. Les professeurs de philosophie, psychologie, sociologie, histoire, auraient notamment pu faire un examen plus rigoureux de la façon dont les médias choisissent leurs informations. Ils auraient dû se former à l'analyse critique des médias, de la télévision, d'Internet, à mesure que les écrans prenaient une place de plus en plus importante dans les vies des gens. Ils devraient s'intéresser davantage aux enjeux du numérique et de l'intelligence artificielle, car l'un et l'autre sont en train de bouleverser l'humanité. Sur ces sujets encore, il faut repenser la formation des enseignants, tout au long de leur carrière. Il faut leur redonner une culture riche et ouverte pour qu'eux-mêmes puissent apporter une culture riche et ouverte à leurs élèves. Il faut aussi repréciser leur rôle dans le monde d'aujourd'hui, car il a indéniablement changé au fur et à mesure que se métamorphosait la société française.

Enfin je dirai qu'il faut à la fois un retour aux sources et une transformation. Le retour aux sources, c'est un retour à la foi des enseignants des premiers temps de la république en leur mission. Le caractère de leur mission a changé certes :

elle était celle de l'alphabétisation, celle des savoirs fondamentaux, de la rationalité, du progrès ; aujourd'hui l'alphabétisation est accomplie, l'acquisition des savoirs fondamentaux est affaiblie et doit être renforcée, mais l'enjeu principal a changé : la rationalité et le progrès sont en crise. Il s'agit alors de retrouver la vraie source de la laïcité qui jaillit à la Renaissance : la problématisation. Il faut enseigner à problématiser à l'époque où prolifèrent les certitudes illusoires, les dogmes desséchants, les manichéismes, les réductionnismes, les *fake news*, les égarements : problématiser devient le maître mot et enseigner à problématiser devient une mission essentielle qui, en elle-même, est un apprentissage de liberté pour l'esprit. Cela se conjugue avec l'intégration dans l'enseignement des thèmes fondamentaux que j'ai énoncé dans *Les sept savoirs nécessaires à l'éducation du futur*.

Beaucoup d'enseignants souffrent d'un manque de reconnaissance, tant de la part de leur hiérarchie que de la part, plus globalement, de la société. Quelles sont les pistes pour les revaloriser ?

J.-M. B. : Il y en a plusieurs. Et nous allons travailler dans toutes les directions pertinentes pour les revaloriser sur le plan matériel comme sur le plan immatériel. C'est le sens du dialogue social que nous allons approfondir en 2019-2020.

Certaines enquêtes montrent un hiatus entre les ressentis et les faits : en réalité, les professeurs se sentent plus mal vus par la société et par leur hiérarchie qu'ils ne le sont réellement. La société

Les sept savoirs nécessaires à l'éducation du futur d'après Edgar Morin

À la demande de l'UNESCO, Edgar Morin présente dans *Sept savoirs nécessaires à l'éducation du futur* (Seuil, 2000), les enjeux qu'il estime essentiel d'introduire dans l'enseignement pour mieux préparer les futurs citoyens.

1. Les cécités de la connaissance : l'erreur et l'illusion

La connaissance de la connaissance apparaît comme une nécessité première. Elle sert de préparation à l'affrontement des risques d'erreur et d'illusion, qui ne cessent de parasiter l'esprit humain. Il s'agit d'armer chaque esprit dans le combat vital pour la lucidité.

2. Les principes d'une connaissance complexe

La connaissance fragmentée en disciplines rend souvent incapable d'opérer le lien entre savoirs spécialisés. Elle doit faire place à un mode de connaissance capable de saisir ses objets dans leurs contextes. Il est nécessaire de saisir les relations mutuelles et influences réciproques entre parties et tout dans un monde complexe.

3. Enseigner la condition humaine

L'être humain est un être à la fois physique, biologique, psychique, culturel, social, historique. Cette unité complexe de la nature humaine est ignorée par les enseignements disciplinaires. Il est possible de reconnaître l'unité et la complexité humaines en rassemblant et organisant des connaissances dispersées dans les sciences de la nature, les sciences humaines, la littérature et la philosophie, et de montrer le lien indissoluble entre l'unité et la diversité des humains.

4. Enseigner l'identité planétaire

Le destin désormais planétaire du genre humain est une autre réalité essentielle. Il convient d'enseigner l'histoire de l'ère planétaire, qui commence avec la communication de tous les continents au XVIe siècle. Il s'agit de montrer comment sont devenues inter-solidaires toutes les parties du monde sans occulter les oppressions et dominations qui ont ravagé l'humanité et n'ont pas disparu. Tous les humains sont désormais confrontés aux mêmes problèmes de vie et de mort, vivent une même communauté de destin.

5. Affronter les incertitudes
Il faudrait enseigner des principes de stratégie, qui permettent d'affronter les aléas, l'inattendu et l'incertain, et de modifier leur développement, en vertu des informations acquises en cours de route. Il faut apprendre à naviguer dans un océan d'incertitudes à travers des archipels de certitude. « L'attendu ne s'accomplit pas, et à l'inattendu un dieu ouvre la porte » (Euripide).

6. Enseigner la compréhension
La compréhension est à la fois moyen et fin de la communication humaine. La compréhension mutuelle entre humains, aussi bien proches qu'étrangers, est vitale pour que les relations humaines sortent de leur état barbare d'incompréhension. D'où la nécessité d'étudier l'incompréhension, dans ses racines, ses modalités et ses effets : racismes, xénophobies, mépris. Elle constituerait en même temps une des bases les plus sûres de l'éducation pour la paix, à laquelle nous sommes attachés par fondation et vocation.

7. L'éthique du genre humain
L'éthique ne saurait être enseignée par des leçons de morale. Elle doit se former dans les esprits à partir de la conscience que l'humain est à la fois individu, partie d'une société, partie d'une espèce. Nous portons en chacun de nous cette triple réalité. Aussi, tout développement vraiment humain doit-il comporter le développement conjoint des autonomies individuelles, des participations communautaires et de la conscience d'appartenir à l'espèce humaine.

> À partir de cela s'esquissent les deux grandes finalités éthico-politiques du nouveau millénaire: établir une relation de contrôle mutuel entre la société et les individus par la démocratie, accomplir l'Humanité comme communauté planétaire.

les aime plus qu'ils ne le pensent, même si elle devrait les aimer davantage. C'est pourquoi je veux enclencher un cercle vertueux de la considération, de l'auto-estime et de l'optimisme. Il n'y a pas de méthode simple et univoque pour y parvenir, j'en conviens. Il faut agir sur plusieurs paramètres. Il est évident que la réussite des élèves est un premier élément de réponse. Un professeur heureux, c'est d'abord un professeur qui voit ses élèves grandir, progresser et obtenir des résultats. Il faut aussi mettre plus de souplesse, d'agilité et de bienveillance dans l'accompagnement des personnels. Dans cet esprit, nous avons commencé à développer des expériences de « GRH (gestion des ressources humaines) de proximité », en Normandie et en Haute-Garonne, pour assurer un suivi plus humain de la carrière des enseignants. Cela va s'élargir à toute la France. L'inspection est aussi en train de se réinventer: elle a vocation à être davantage présente dans les établissements, à développer une connaissance plus précise des contextes locaux, afin de mieux comprendre les difficultés des professeurs, de proposer des solutions fines et adaptées. S'il est vrai qu'il faut veiller à ne pas submerger les professeurs sous les enjeux sociétaux de notre époque, qu'il s'agisse de radicalisation, d'addictions ou de cyberharcèlement par exemple, il reste qu'on ne peut pas masquer ni nier ces enjeux, car les professeurs sont en prise avec cela au quotidien. Nous devons plutôt déployer une méthode d'ensemble pour leur permettre d'articuler leur rôle pédagogique avec une mission éducative plus globale. Les hussards de la IIIe République avaient cette capacité d'articulation de plusieurs pensées, pédagogique, philosophique, sociale… Ils avaient l'esprit et la méthode. C'est quelque chose comme cela que nous réinventons aujourd'hui, une méthode articulée, une vision multidisciplinaire, offrant balises et repères pour l'ensemble des acteurs de l'école. C'est possible. La réforme du baccalauréat et du lycée est une bonne illustration de cela. Nous remettons à l'honneur la notion d'humanités, nous offrons beaucoup plus de choix aux élèves, nous développons des programmes plus élaborés précisément parce que le fait de choisir, de désirer permet d'approfondir davantage, nous valorisons les compétences orales en envoyant ainsi un message à tout le système scolaire sur l'importance de la capacité d'expression, de la confiance en soi, de l'argumentation rationnelle, nous donnons une place au contrôle continu pour en finir avec le bachotage et mieux répartir le travail, nous préparons les élèves à mieux réfléchir en amont à leur orientation avec la réforme Parcours sup.

E. M. : Le paradoxe est que nous sommes submergés par des tonnes de connaissances mais qu'elles sont dispersées et incohérentes, elles nous obscurcissent ou nous stérilisent l'esprit au lieu de l'éclairer et de le stimuler. La réalité humaine est spirituelle, psychologique, sociale mais aussi cérébrale, biologique, chimique, physique, elle appelle tous les savoirs concernés à confluer pour nous reconnaître dans notre complexité propre. Réduire progressivement le divorce historique entre les sciences et les humanités, lesquelles comprennent lesdites sciences humaines, serait la source d'un humanisme régénéré. Cette révolution pourrait nous permettre de mieux nous situer, nous humains, dans l'aventure de la vie et de l'univers, mais aussi nous guider dans la course effrénée de la mondialisation que nous subissons en aveugles. De grandes forces historiques travaillent dans ce sens, malgré les obstacles. Les sciences physiques ont abandonné le dogme du déterminisme absolu avec la thermodynamique, la physique quantique, la cosmophysique; elles composent un dialogue avec l'incertitude.

Philosophie

Penser l'école,
des Lumières aux sciences cognitives

Quelles sont les grandes références intellectuelles et scientifiques qui vous guident en matière d'éducation ?

E. M. : Me concernant, ce sont évidemment Montaigne, le premier à affirmer que « mieux vaut une tête bien faite que bien pleine », et Rousseau, selon qui l'éducateur doit se fixer comme horizon d'« enseigner à vivre ». La littérature a aussi beaucoup compté pour moi. Par exemple, Dostoïevski, qui n'a rien d'un pédagogue, m'a indirectement appris quelque chose que je voudrais voir enseigné aux élèves d'aujourd'hui : le sens de la souffrance humaine, la compassion, le pardon, etc., autant de choses dont la connaissance ouvre sur une meilleure compréhension de notre identité humaine. Je pourrais aussi citer les grands pédagogues : Maria Montessori, Célestin Freinet, Paulo Freire, mais en matière d'éducation, c'est l'ensemble de ma culture qui me sert de référence.

J.-M. B. : Les références antiques restent pour moi essentielles. Quand Platon explique que la première qualité du philosophe, c'est l'étonnement, il nous désigne quelque chose qui va bien au-delà de la définition de la philosophie. L'étonnement est un élément clé de la condition humaine. Il est premier, fondateur. L'enfant arrive à l'école maternelle rempli d'un étonnement qui lui est propre, source de curiosité et de plaisir, et dont il faut savoir faire un usage pédagogique. L'école devra cultiver cette capacité à s'étonner. Aristote est également fondamental sur le sujet de l'éducation, comme sur tous les autres, ne serait-ce que parce qu'il est le premier à penser la liberté comme fin ultime de l'éducation, ce qui contrebalance Platon sous d'autres aspects.

Rabelais représente un basculement dans la pensée occidentale, dont Montaigne est le digne héritier : tous deux ont permis une profonde réforme de l'éducation. Montaigne développe une vision complète et humaniste de l'enfant. Il nous enseigne qu'il ne suffit pas d'accumuler les connaissances ; il faut se les approprier et apprendre à former son propre jugement. Enfin, je ne peux pas ne pas citer Condorcet, à l'heure moderne, dont la pensée structurante imprègne encore notre modèle scolaire français. D'emblée, elle indique une ligne qui est encore la nôtre aujourd'hui, l'élévation de l'individu et de la société par la culture.

Jean-Michel Blanquer, vous vous référez régulièrement aux sciences cognitives : vous avez nommé le neuropsychologue Stanislas Dehaene à la tête du Comité scientifique de l'Éducation nationale et vous entendez développer la culture des enseignants en matière de neuro-éducation ? N'y a-t-il pas une certaine forme de scientisme dans votre vision de l'éducation ?

J.-M. B. : Il existe parfois une confusion dans le débat public entre le fait d'éclairer un chemin, et le fait de définir un chemin. Mon objectif est d'éclairer le chemin, en sachant qu'aucune science ni aucune philosophie ne détient l'alpha et l'oméga du savoir éducatif. Je pense être fidèle à l'esprit des Lumières lorsque j'affirme que nous devons avancer à la lumière des sciences, *des sciences* au pluriel, dans leurs diversités. Je me contente d'indiquer que les sciences cognitives ont connu de très grands progrès, offrant un apport intéressant pour l'enseignement. J'insiste d'ailleurs sur un point : il ne s'agit pas seulement des neurosciences mais plus largement des sciences cognitives, lesquelles englobent la psychologie cognitive et une partie des sciences de l'éducation. Le Conseil scientifique de l'éducation nationale regroupe 21 scientifiques venus d'horizon très divers. Il est pluridisciplinaire et ouvert à des débats très variés. Ma démarche est donc à l'opposé de tout scientisme.

Ceux qui brandissent cet argument, en se drapant dans une posture soi-disant humaniste, me semblent de mauvaise foi. L'état actuel de la réflexion agissante sur l'école n'est pas satisfaisant, beaucoup trop franco-centré en oubliant ainsi les apports de la comparaison internationale. Je suis frappé du néo-obscurantisme qui s'observe aujourd'hui dès qu'on cite les neurosciences. Je suis également frappé par les crispations qui se manifestent face aux progrès de cette discipline. Il s'agit d'ailleurs d'un phénomène classique dans l'histoire des sciences : une nouvelle discipline arrive, une nouvelle configuration se met en place et la configuration ancienne s'inquiète de ce bouleversement.

E. M. : Ce débat renvoie à un implicite : le mépris réciproque entre les philosophes et les scientifiques. Ce mépris s'est notamment illustré en février 2018 par une tribune du philosophe Yves-Charles Zarka, dans le journal *Le Monde*, où il s'en prenait au « scientisme » du neuroscientifique Stanislas Dehaene. La peur du scientisme, qui anime Y.-C. Zarka, me paraît exagérée. Et l'attitude de S. Dehaene l'est tout autant lorsqu'il affirme qu'« enseigner est une science ». Non ! Enseigner est un art… qui utilise la science.

Relier ces deux cultures est difficile, parce que la culture scientifique est fondée sur la spécialisation, tandis que la culture des humanités s'appuie sur des réflexions plus généralisantes. Il est pourtant nécessaire de créer des ponts pour penser le monde et l'humain. C'est ainsi que s'est développée la culture jusqu'au milieu du XIXe siècle : Pascal est un scientifique aussi bien qu'un philosophe ; *L'Encyclopédie* est l'œuvre d'un philosophe et écrivain, Denis Diderot. Un astrophysicien comme Hubert Reeves ou un biologiste comme François Jacob ont toujours eu à cœur de transmettre leur savoir à un public profane et de participer au développement d'une culture humaniste. Acquérir une conscience véritable de notre identité humaine ne peut passer que par une mobilisation de toutes les disciplines, y compris la littérature et la poésie, la biologie et la neurologie cognitive. C'est vrai dans le domaine de l'éducation comme dans tous les domaines de la connaissance. Voilà ce qui me semble extrêmement important : trouver une solution pour éviter ce grand divorce entre sciences et humanités, qui relève de la tragédie culturelle.

Nous avons assisté au cours des deux dernières décennies à la montée en puissance d'une sorte d'impérialisme neuronal. Or les résultats des neurosciences cognitives restent relativement modestes dans le domaine de l'éducation et n'induisent pas nécessairement de bouleversements pédagogiques. N'y a-t-il pas beaucoup d'effets d'annonce ?

J.-M. B. : Il peut exister parfois un impérialisme perçu, mais qui ne me paraît pas correspondre à la réalité. À chaque fois que je parle à un neuropsychologue ou à un cognitiviste, je perçois plutôt de l'humilité de sa part. Il s'agit de scientifiques qui essaient d'avancer de bonne foi dans la compréhension d'un domaine clé: le cerveau humain. Ils ne sont qu'au début d'un chemin, certes prometteur, mais qui reste largement à parcourir et à explorer. Le danger consisterait plutôt à ignorer leurs résultats limités mais réels, que l'on pense aux tests pour cranter la connaissance ou aux analyses sur le potentiel mathématique des enfants. Par ailleurs, Stanislas Dehaene a démontré dans ses livres *La Bosse des Maths* (Odile Jacob, nvle éd. 2010), *Le Code de la conscience* (Odile Jacob, 2014) ou bien dans son dernier ouvrage, *Apprendre ! Les talents du cerveau, le défi des machines* (Odile Jacob, 2018), que la plasticité du cerveau de l'enfant est très grande, il est capable de formuler un langage de la pensée et de conceptualiser l'infini. Et cela est dû à une capacité d'apprentissage de règles systématiques où le cerveau se comporte comme un véritable statisticien neuronal, afin de pouvoir coordonner le mouvement d'un membre du corps, se situer dans l'espace ou apprendre à tenir un objet. D'où l'hypothèse selon laquelle notre cerveau possède en héritage une structure que l'on pourrait qualifier de « logiciels neuronaux » pour pouvoir saisir presque intuitivement les coordonnées spatio-temporelles, qui nous permettent d'avoir conscience d'être-là et d'exister. D'autres disciplines offrent d'ailleurs aussi des apports intéressants. Par exemple, la méthode expérimentale par randomisation permet de valider des hypothèses en matière d'éducation, en sollicitant différentes disciplines, la sociologie et l'économie en particulier. Elle permet notamment d'étudier quelles pratiques et cadres sont les plus efficaces pour soutenir la réussite des élèves. Je veux donc éviter les faux procès. Penser l'éducation suppose de l'humilité et une ouverture pluridisciplinaire. Depuis toujours, je fais mienne la phrase de Montaigne : « Traiter de la façon d'élever et d'éduquer les enfants semble être la chose la plus importante et la plus difficile de toute la science humaine. » En réalité, la nouveauté que représentent les sciences cognitives, au sens large, permet de questionner ce que l'on entend par « sciences de l'éducation ». Il est toujours bon pour un domaine de spécialité de se recomposer régulièrement sur le plan épistémologique. C'est un signe de vitalité.

E. M. : Je mettrais en garde contre une vision trop unitaire – et parfois trop enthousiaste – des sciences cognitives. Cette discipline repose sur la coexistence d'approches concurrentes, qui ne s'intègrent pas les unes aux autres : certains chercheurs travaillent sur la communication ou la théorie des automates, tandis que d'autres étudient le cerveau à l'aide d'images, dans une perspective plus biologique. Pour ma part, je pense qu'il existe bien chez certains neuroscientifiques une tendance sinon impérialiste, du moins réductionniste, selon laquelle tout pourrait s'expliquer par le cerveau. Pour Jean-Pierre Changeux, par exemple, tout est neuronal ; l'esprit n'est qu'une pure illusion. Je crois au contraire, pour ma part, que l'esprit existe, à condition de ne pas en faire une entité mythologique : le cerveau humain n'apprend un langage et une conception de la vie qu'une fois immergé dans une culture. Autrement dit, l'esprit est une émergence de la relation entre un cerveau et une culture. C'est tout le problème des enfants-loups, intelligents – parce qu'ils ont un cerveau – mais sans esprit – parce qu'ils évoluent loin des cultures humaines. C'est pourquoi je pense fondamentalement que les images du cerveau ne suffisent pas à expliquer le psychisme. Nous n'apprenons qu'en contexte social et culturel. Le même problème ressurgit toujours : nous souffrons d'une binarité qui oppose l'esprit et le cerveau, les humanités et la science. Le réductionniste ignore qu'il a comme présupposé la réduction du tout aux parties, tout comme le manichéen ignore que son présupposé est l'opposition du Bien et du Mal. Or nous avons besoin d'une grande ouverture d'esprit pour penser et améliorer l'école.

J.-M. B. : Je suis d'accord. Il faut poser comme principe que la pluridisciplinarité est nécessaire pour progresser en matière d'éducation : il faut bâtir des ponts entre sciences humaines et sciences exactes, lutter contre tout réductionnisme. Mais il faut aussi éviter les faux procès. Aujourd'hui, la vision complexe de l'être humain peut avancer grâce aux sciences cognitives. Elles sont le contraire d'un réductionnisme. Personne de sensé ne peut prétendre que l'imagerie cérébrale apporte toutes les réponses. Mais personne de sensé ne peut écarter leur apport pour avancer dans notre connaissance de l'être humain.

Stanislas Dehaene présente l'éducation comme une science, Edgar Morin y voit plutôt un art. Et vous, Jean-Michel Blanquer ?

J.-M. B. : Attention à ne pas caricaturer sa position. La phrase qu'on lui prête est citée hors contexte. L'éducation n'est pas une science au sens où on l'entend aujourd'hui en faisant en fait référence aux sciences dites « dures ». Je conteste justement ce genre de frontière. Les sciences cognitives représentent un de ces ponts souhaitables entre sciences, lettres et arts. On pourrait d'ailleurs questionner l'appellation « sciences de l'éducation » et ouvrir à des transformations sémantiques à ce sujet. Quand les Anciens ont voulu définir le droit, ils ont dit : « *Jus est ars boni et æqui* », « le droit est l'art de ce qui est bon et de ce qui est juste ». J'ai une conception voisine de l'éducation. En ce sens, oui, l'éducation est un art et le professeur un artisan, parfois même un artiste. Il faut toutefois faire attention à ne pas créer de clivages artificiels. Il peut exister des points de rencontre entre visions artistique et scientifique des choses. Les universités médiévales étaient des facultés « des arts et des sciences » : on ne cherchait pas à opposer les deux mais à les associer. Je me situe dans cette filiation.

E. M. : La science est d'abord un art de connaître, un art de savoir. C'est ainsi qu'on l'entendait au XVIe siècle, à l'époque de Montaigne. Pour Hegel encore, il est évident que la philosophie est une science, ce que beaucoup contesteraient aujourd'hui car ils ont une approche beaucoup plus positiviste de ce terme. Il faut donc relativiser et historiser ce mot de science. Ce n'est que récemment, au cours des XIXe et du XXe siècles, qu'il s'est différencié des autres formes de connaissance. L'éducation est donc un art éclairé par la science.

Jean-Michel Blanquer, vous évoquez dans vos livres les philosophes, vous référez à la psychologie du développement, aux sciences cognitives, à la didactique, à l'économie… Mais vous citez peu les sociologues de l'éducation, qui développent pourtant une expertise ancienne et reconnue sur ces questions. Considérez-vous que la sociologie est moins légitime que les autres disciplines ?

J.-M. B. : Ma formation en droit, en philosophie et en science politique m'a conduit à lire et enseigner les sociologues. J'ai beaucoup travaillé sur Durkheim et sur la naissance de la sociologie en raison de mes recherches sur les publicistes de son époque. Je n'ai donc aucune hostilité de principe à l'égard de cette discipline. Je pense même que c'est une discipline essentielle qui ouvre des pistes importantes lorsque l'on regarde certains auteurs français et étrangers. Cependant, je m'interroge sur certains de ses développements actuels en France et leurs usages dans l'éducation. Il me semble qu'il existe une tendance, dans la sociologie française, à lire la société à travers le seul prisme des inégalités. Or, comme en physique quantique, l'observateur a un impact sur la chose observée. Il arrive ainsi que certains sociologues finissent par renforcer les inégalités qu'ils dénoncent, en générant une sorte de pessimisme de principe. Il s'est créé en France, depuis un demi-siècle, une atmosphère de fatalisme qui se nourrit de cette sociologie-là, celle qui insiste sans arrêt sur ce qui régresse en matière d'égalité, sans jamais voir ce qui progresse. Je cite souvent le livre de Stéphane Beaud, *80 % au bac... et après ?* (La Découverte, 2002). Un jeune issu de l'immigration y explique qu'à force d'entendre parler de Pierre Bourdieu dans ses cours de SES, il a fini par intégrer l'idée qu'il n'avait aucune chance de réussir, parce qu'il venait d'un milieu défavorisé ! Je ne nie pas les inégalités, je ne verse pas dans une pensée positive naïve, mais je m'interroge sur cette sorte de délectation morose impérialiste dans laquelle se sont enfermés nombre de sociologues, et qui produit des cercles vicieux au sein de la société. J'y vois une dérive, qui n'invalide pas du tout la démarche sociologique mais qui interpelle. J'adresse donc à la sociologie un questionnement ami : je lui demande ce qu'elle a fait de son projet durkheimien.

E. M. : Les sciences sociales, et singulièrement la sociologie, sont des sciences « à moitié », mêlées d'essayisme. Pourquoi ? Parce qu'elles n'ont pas les conditions d'expérimentations et de vérifications qu'ont les sciences de laboratoire. Le sociologue lui-même est impliqué dans l'objet qu'il étudie : la société. Il est un être social, conditionné par sa propre situation sociologique. Nous savons depuis Popper que le propre d'une théorie scientifique est d'être réfutable. La sociologie ne peut pas produire de vérités théoriques absolues ; ce serait une illusion d'y prétendre. Mais elle peut proposer des interprétations pertinentes, surtout si elle échappe au réductionnisme qui élimine les individus et l'histoire. La sociologie exige une pensée qui la dépasse et l'englobe. Tous les sociologues importants ont été en même temps des essayistes ou des philosophes : Georges Friedman, Raymond Aron, Ulrich Beck,... ont été des penseurs. Prenez Bourdieu, c'est un essayiste ! Les bases scientifiques des *Héritiers* sont absolument fausses, ce qui a été démontré par d'autres sociologues comme Noëlle Bisseret ou Mohamed Cherkaoui.

Par ailleurs, la sociologie n'est nullement une discipline théoriquement unifiée. J'ai connu à mes débuts la domination de la sociologie par questionnaires, à l'américaine, succédant ainsi au durkheimisme. Puis il y eut le règne d'un marxisme mutilé. Aujourd'hui coexistent des écoles très différentes. Ce qui est positif, me semble-t-il, est la tendance à dépasser la clôture de l'objet de recherche et à le contextualiser. Ainsi des enquêtes microsociologiques bien contextualisées nous donnent parfois un éclairage profond sur notre civilisation. Les apports de la sociologie sont par là très utiles. Cela dit il y a beaucoup à faire. La sociologie du présent, que j'ai pu pratiquer en quelques occasions, n'a trouvé aucun soutien ; la fondation de la sociologie sur la théorie de l'auto-éco-organisation n'a pas suscité d'intérêt et n'a trouvé un écho que chez l'allemand Niklas Luhmann. La pensée complexe est méprisée par la pensée disjonctive et réductrice.

La science et la politique ne répondent ni aux mêmes logiques, ni aux mêmes objectifs, ni au même agenda. Comment concevez-vous l'articulation de l'une et de l'autre ?

J.-M. B. : Je conçois cette articulation entre quatre points. Premièrement, je revendique une fidélité à l'esprit des Lumières en m'efforçant de rester toujours curieux et attentif à l'état des savoirs, à leurs apports, leurs développements et leur portée potentielle dans le domaine de l'éducation. Deuxièmement, j'ai la volonté d'établir un diagnostic clair sur la situation de l'école en France. Ce diagnostic, je le veux élaboré, collectif, et le plus méthodique possible ; il ne sera jamais définitif, jamais absolu, toujours discutable. C'est la définition même de la démarche scientifique. Troisièmement, je privilégie une approche pluridisciplinaire, en combinant les sciences humaines et sociales avec les sciences dures. Les sciences cognitives offrent de ce point de vue un pont intéressant entre ce qu'on a coutume d'appeler « sciences dures » et « sciences sociales ». Enfin, j'inscris ma réflexion dans une perspective internationale, parce que nous ne sommes pas seuls sur cette planète. Nous avons tout à gagner à nous instruire les uns les autres. Ce faisant, je considère que nous nous mettons en position d'avant-garde à l'échelle mondiale. Le fait de créer un conseil scientifique, d'interroger et faire dialoguer les différentes disciplines scientifiques, est observé par d'autres pays. C'est une décision qui permet de mieux positionner la France dans le débat international sur l'éducation.

E. M. : Si M. Blanquer revendique une fidélité à l'esprit des Lumières, je me réclame quant à moi d'une synthèse entre l'esprit des Lumières et le Romantisme. Parce que la raison si nécessaire n'est jamais suffisante. L'empathie, la pitié, l'enthousiasme, la colère, l'amour, tout cela fait partie des rapports humains. Comme disait Platon, pour enseigner il faut de l'Éros. L'amour de la connaissance et l'amour des élèves doivent être liés. Une belle synthèse entre Lumières et Romantisme est accomplie par Victor Hugo, qui met simultanément sa pensée et sa sensibilité au service d'une participation au monde. C'est plutôt dans cette filiation que je me reconnais.

Cela dit, je sais que toute décision doit chercher à s'appuyer sur des connaissances pertinentes, mais qu'elle constitue toujours aussi un pari et que l'action doit être accompagnée en permanence d'une stratégie.

Politique

Construire l'école
de la confiance

Entre les orientations de l'Élysée et les résistances de la base, comment concrètement espérez-vous réformer l'école : par la loi, par l'expérimentation, ou en vous appuyant sur la capacité d'initiative des acteurs de terrain ?

E. M. : Toute une partie peut être changée depuis le ministère même de l'Éducation nationale, notamment en ce qui concerne l'introduction de nouveaux thèmes dans les programmes scolaires. Lorsque des résistances commencent à s'opérer, il faut tester et convaincre : des expériences pilotes peuvent venir démontrer leur excellence. Je crois beaucoup au pouvoir des micro-expériences locales pour changer la société. Le changement passera aussi par la formation des professeurs pour qu'ils puissent enseigner les nouvelles thématiques que je défends. Il reste enfin qu'un ministre ne peut pas tout ; certaines choses sont extérieures à l'école. Par exemple, la question des inégalités sociales ne peut être traitée par la seule école, car elle relève de la société même et des politiques générales du pays.

J.-M. B. : Je ne pense pas qu'on ait besoin d'une loi pour changer l'école, ni d'une réforme avec un grand R, décrétée d'en haut. J'ai proposé une loi importante en 2019, notamment pour l'instruction obligatoire à trois ans et pour la formation des professeurs. Mais je ne la présente pas comme une baguette magique. Le plus important est d'agir sur différents leviers, en prenant les priorités une par une, pour actionner le cercle vertueux de la confiance. Car nous avons besoin, d'abord, de créer les conditions d'une société de la confiance. Quand j'observe les sociétés scandinaves, je constate que la confiance produit des effets de réciprocité. Les gens font confiance à leur école, et en retour l'école produit de la confiance : confiance envers les acteurs, confiance mutuelle, et enfin confiance des élèves en eux-mêmes. Les professeurs s'y sentent mieux et les élèves prennent davantage plaisir à apprendre. Ce problème dépasse l'école ; en France, les gens n'ont plus suffisamment confiance les uns envers les autres. C'est pourquoi je m'exprime sur le fond des choses ; je m'exprime peu sur des processus ou des normes ; je m'exprime sur une philosophie et sur l'action concrète qui lui correspond pour tenter de créer progressivement les conditions de ce retour de la confiance de la société en son école, et de l'école en la société. En tant que ministre de l'Éducation nationale, c'est l'objectif que je me fixe : faire renaître un discours positif sur l'école. Et le faire en l'illustrant par des mesures concrètes qui changent le quotidien et ont un effet de levier. Par exemple, la division des classes de CP et CE1 par deux en réseaux d'éducation prioritaire est la pointe avancée d'une politique de réussite de tous les élèves pour l'acquisition des savoirs fondamentaux. Mais on peut aussi citer l'exemple de la politique de scolarisation des élèves en situation de handicap. Ce que nous appelons l'école inclusive permet de scolariser aujourd'hui 340 000 élèves parmi les 12 millions que compte l'éducation nationale. Beaucoup de progrès restent à faire pour être à la hauteur de l'enjeu mais la dynamique est là : en réalisant l'école inclusive, on illustre la capacité de l'éducation nationale à personnaliser ces parcours. Nous sommes en train de faire advenir un véritable « service public de l'école inclusive ». C'est aussi cela l'école de la confiance.

Mais il ne suffit pas de décréter la confiance pour la produire… Comment comptez-vous la créer et la diffuser ?

J.-M. B. : Je pense que la confiance passe par un discours appuyé par des actes. C'est la raison pour laquelle mon premier discours a été un discours de confiance. À tous les acteurs du système, et notamment aux professeurs, je dis : « nous vous faisons confiance, sentez-vous soutenus par l'institution. C'est à vous, qui êtes au plus près du terrain, de contribuer à résoudre les problèmes que vous rencontrez. Mais l'institution est avec vous pour chaque problème que vous rencontrez. Vous n'êtes pas seul. ». Je demande aux chefs d'établissement et aux recteurs de leur faire confiance, en retour je demande aux professeurs de faire confiance aux élèves et aux élèves de respecter les professeurs ; enfin, je demande aux familles de faire confiance à l'école. Ce que je souhaite au bout de cette chaîne, c'est que les élèves français aient davantage confiance en eux-mêmes, c'est-à-dire développent cette capacité à s'exprimer par écrit et par oral, à entrer dans la vie avec plus d'assise grâce aux connaissances et aux valeurs dont ils se savent détenteurs et à développer l'esprit d'équipe : les victoires collectives sont encore plus belles que les victoires individuelles.

J'ai souhaité aussi prendre à bras-le-corps les enjeux les plus concrets qui conditionnent la réussite de notre école : le recrutement des professeurs, leur formation initiale et continue, l'accompagnement des débuts de carrière, ainsi que l'amélioration du climat scolaire. Nous avons pris des mesures pour développer la relation famille-école, qui est un point faible français. Le renforcement de la mallette des parents doit permettre d'organiser des réunions en petits groupes, de façon à mieux expliciter les attentes scolaires et éducatives : pourquoi l'enfant est là ? Quels sont les enjeux ? Pourquoi y a-t-il des devoirs à faire ? Quel est le temps de sommeil nécessaire ? Pourquoi apporter des livres à la maison ? Sur tous ces sujets, l'alliance famille-école doit fonctionner pour éviter les distorsions. Mieux vaut avoir des parents qui ne sont pas allés à l'école, qui ont peu de moyens mais qui croient en l'école, que des parents aisés et cultivés mais qui méprisent l'école et ne suivent pas la scolarité de l'enfant. La confiance, à tous les niveaux, est un puissant antidote contre les déterminismes sociaux.

E. M. : Rétablir la confiance, c'est aussi redonner aux enseignants la confiance en eux-mêmes, en leur pouvoir, en leur rôle. Ils ne sont pas seulement des professeurs chargés d'une matière. Ils ont une mission plus fondamentale, grandiose, aussi belle que celle des médecins.

Jean-Michel Blanquer, vous avez réussi en peu de temps à faire passer un grand nombre de réformes : dédoublement des classes de CP en zones d'éducation prioritaire, réforme du baccalauréat, lancement du programme « devoirs faits » au collège, retour à la semaine de quatre jours, etc. Comment analysez-vous cette capacité d'action ? L'attribuez-vous à votre stratégie politique ou au contexte politique français actuel?

J.-M. B. : L'histoire de l'éducation dans un pays est un roman collectif. Je suis en train d'y contribuer pour un chapitre, après bien des pages écrites avant moi. Il me paraît évident que l'élection d'Emmanuel Macron a constitué un élément de contexte décisif pour réussir les réformes scolaires : elle a permis de dépasser les clivages qui ont longtemps paralysé l'éducation. Tradition et progrès, égalité et liberté, transmission et participation ne s'opposent pas mais se confortent et se nourrissent. Dans l'enseignement professionnel par exemple, nous sommes en train de dépasser le clivage inutile entre lycées professionnels d'une part et centres de formation par apprentissage d'autre part. Nous avons besoin de l'un et de l'autre et ils se renforcent mutuellement. La réforme du baccalauréat permet de dépasser un clivage ancien entre ceux qui prônaient plus de liberté pour l'élève, plus d'options, plus de capacité à faire des choix, et ceux qui prônaient de plus grands approfondissements disciplinaires et une plus grande rigueur. Nous avons réussi, je trouve, à bâtir une architecture qui conjugue les deux choses à la fois. Donc, oui, je l'espère, il y a un *momentum*. Bien au-delà de l'élision du clivage traditionnel entre la gauche et la droite, l'enjeu est de créer quelque chose d'absolument fondamental pour toute société, à savoir un consensus autour de l'école. La majorité des Français se disent en accord avec les orientations que nous prenons même s'il y a évidemment des opposants, parfois farouches. À la rentrée 2017, nous avions des taux d'approbation de 80 % pour les quatre premières mesures prises. Il n'y a pas de réforme possible contre une majorité de la société, ce qui est d'ailleurs sain du point de vue démocratique.

Par ailleurs, je suis arrivé au ministère avec une équipe que j'estime très compétente. Nous avons déployé une méthodologie à laquelle nous avions réfléchi en amont et nous avons actionné les différents leviers dans un ordre cohérent, ce qui est indispensable à la réussite des réformes.

Vous affirmez chacun avoir une vision globale et cohérente du rôle de l'école du XXIe siècle, à la fois politique, sociale et philosophique. Comment la résumeriez-vous ?

J.-M. B. : Je procéderais en losange. Premièrement, il y a un socle. Ce socle, je le désignerais par un mot : la confiance. Comme je viens de le préciser, il faut que l'école française devienne une « école de la confiance ». Je considère qu'une société n'est vraiment apaisée que lorsque ses membres se font confiance les uns envers les autres. L'école est le foyer où peut se forger cette société de la confiance. Si l'école croit en son pouvoir de faire réussir chaque élève, si les élèves apprennent à coopérer entre eux, nous pouvons édifier une société ayant davantage confiance en elle-même et en son avenir. Pour moi, il est très important que nous préparions les enfants à devenir des adolescents puis des adultes qui ont foi en eux-mêmes et en autrui, qui possèdent les outils nécessaires pour s'épanouir dans ce siècle. La confiance est donc le mot-clef de mon action.

J'utiliserais ensuite trois mots, qui partent de ce socle de confiance, pour former un triptyque : République, excellence et bonheur.

Premièrement, le mot République. Nous devons collectivement contribuer à rénover le sens de notre République, sans perdre de vue l'héritage de Jules Ferry, mais en l'adaptant à notre époque. Car notre vieille République est malmenée, attaquée ; elle subit les assauts de discours communautaristes et intolérants, séparant les races, les genres, les religions. Elle a besoin d'être revitalisée par un discours ferme et volontariste. L'école a le pouvoir de créer du commun. Elle doit retrouver la conscience de ce rôle et contribuer au renouvellement du contrat social. La connaissance est le bien distributif de notre temps, plus que jamais. D'une certaine manière, c'est aussi la raison pour laquelle j'ai souhaité faire du « respect d'autrui » une compétence fondamentale au même titre que la lecture, l'écriture et le calcul.

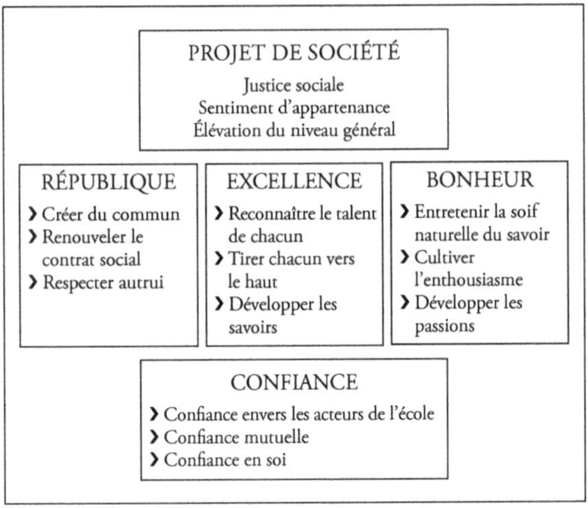

Deuxièmement, j'assume le mot d'excellence, bien qu'il soit parfois perçu comme provocateur ou élitiste. Je le revendique même, parce que j'y vois une notion profondément inclusive, et non pas exclusive. Nous devons apprendre à mieux reconnaître le talent de chacun. Cet optimisme sur l'être humain, quel qu'il soit et d'où qu'il vienne, est ce qui nous permettra de tirer tout le monde vers le haut. L'excellence que je défends a donc vocation à élever l'ensemble des enfants à leur plus haut niveau. Elle concerne les savoirs théoriques comme les savoirs pratiques.

Troisièmement, le mot bonheur. Paradoxalement, le bonheur n'est pas un mot qui plaît à tous. Le bonheur inquiète, peut-être parce qu'il dérange ceux qui aiment être inquiets, peut-être aussi simplement parce qu'il ne se décide ni se décrète. Néanmoins, le bonheur doit être un horizon pour l'action éducative. L'enfant arrive en classe à

3 ans, plein de curiosité, d'étonnement et de désir ; l'école doit veiller à entretenir sa soif et à cultiver son enthousiasme.

Enfin, ce triptyque converge vers le projet politique d'une France optimiste, tournée vers l'avenir, parvenant à concilier la tradition et la modernité, « des racines et des ailes » pour reprendre une expression consacrée. C'est ce qui me fait me lever tous les matins. Il revient à notre génération de contribuer à donner aux enfants, et à travers eux à la société française, une fierté d'être soi-même, avec son histoire et son bagage, sa culture et ses rêves. C'est ainsi que nous pouvons progresser vers les deux objectifs concrets que nous avons : l'élévation du niveau général et la justice sociale.

E. M. : Ma philosophie de l'éducation trouve sa source dans mon expérience juvénile : j'ai été à la fois un autodidacte m'éduquant par les livres, les films, puis les essais. Anatole France et Montaigne d'une part, Rousseau, Tolstoï et surtout Dostoïevski d'autre part ont joué un rôle majeur.

Puis, la philosophie est arrivée dans ma vie. C'est un ami, élève d'un professeur marxiste, qui m'a convaincu que dans le monde rempli d'incertitudes et de défis que nous vivions (1938-1939, Munich, la déclaration de guerre) il fallait refaire le chemin de Marx : disposer d'une méthode de connaissances (la dialectique), d'une conception du monde, de l'homme, de la société de l'histoire, de l'avenir, mais aussi dépasser les limites et carences de cette pensée. Je me suis alors inscrit en histoire et en géographie, en philosophie (qui comportait de la sociologie), en droit (dans lequel on retrouvait de l'économie) et en science politique. J'ai construit, sur la base de ma culture littéraire, une culture en sciences humaines et partiellement en philosophie. J'ai continué par la suite à me cultiver sur la nature humaine en élaborant mon livre *L'Homme et la mort*. Je suis devenu très curieux des sciences, j'ai pu m'éduquer à la biologie à l'Institut Salk en Californie, dans la revue *Arguments* que je dirigeais, en fréquentant le Groupe des dix composé de cybernéticiens et de biologistes, dans les œuvres de John von Neumann et Heinz von Foerster, avant de poursuivre mon auto-éducation dans l'élaboration de *La Méthode*. Je n'ai pas cessé d'être étudiant.

C'est au cours de la rédaction de *La Méthode* (de 1977 à 2009) que s'est développée en moi l'idée d'une réforme de la connaissance et plus largement d'une réforme de la pensée. Je méditais un « manuel pour écoliers, enseignants, citoyens » à la demande du ministre de l'éducation, Claude Allègre, qui envisageait une réforme de l'enseignement du secondaire. Le rejet de mes propositions m'a incité à écrire ma trilogie pédagogique (*La Tête bien faite* (1999), *Les sept savoirs nécessaires à l'éducation du futur* (2000), *Enseigner à vivre* (2014)).

Ma conception de la mission de l'éducation est évidemment englobée dans une conception antropologico-hisorico-sociologico-politique plus ample, ces quatre dimensions étant liées dans mon esprit.

La mission anthropologique est de susciter et développer le meilleur de l'humain en chacun, de lui donner les moyens de problématiser, de favoriser la réalisation et l'affirmation de chaque « Je » dans un « Nous », de stimuler non seulement l'esprit critique mais aussi l'esprit autocritique et l'auto-connaissance, d'encourager à aimer la vie et d'y trouver la force de se révolter contre ses horreurs, de fournir une culture non mutilée qui associe culture scientifique et culture des humanités

La mission sociologique est de former l'esprit citoyen, inséparable de la démocratie, qui doit connaître et ressentir ses devoirs et ses droits à l'égard de sa patrie.

Enfin, la mission historique s'identifie à la mission anthropologique car nous sommes en un temps où la mondialisation a créé une communauté de destin pour toute l'humanité. Cette communauté de destin est présentement une communauté d'inquiétudes et de périls, sauf pour une petite élite qui adhère au mythe d'un homme augmenté par le transhumanisme.

Certes, nous vivons une époque de transformations énormes et multidimensionnelles qui semblent préluder à une mutation généralisée ou une catastrophe généralisée, voire à l'un dans l'autre, mais il est nécessaire, à mon sens, que notre époque nous restitue intensément le sens de l'aventure humaine et de notre part personnelle dans cette aventure.

La cosmologie a révélé la vérité oubliée de l'aphorisme d'Héraclite : tout dans l'univers est le produit de concorde et de discorde. Effectivement, dès la naissance de l'univers se sont confrontées et affrontées les forces d'union et de désunion, d'organisation et destruction ; cela s'est poursuivi de façon originale dans l'aventure de la vie et dans l'histoire de l'humanité. Aujourd'hui, ces forces sont interdépendantes dans la mondialisation. Or l'aventure humaine depuis la préhistoire comporte ses moments de barbarie, et c'est un de ces moments cruciaux que nous vivons aujourd'hui. C'est cette conscience et cette lucidité que devrait apprendre chaque jeune esprit : prendre le parti de tout ce qui unit et fraternise (Éros) contre tout ce qui disjoint et détruit (Thanatos).

J.-M. B. : Et c'est là que nous nous rejoignons totalement. Il faut toujours prendre le parti de la vie.

Valeurs
Liberté, égalité, fraternité

Liberté, égalité, fraternité. Le regard de Jean-Michel Blanquer

Propos recueillis par Héloïse Lhérété[1]

Trois mots forment la devise républicaine : liberté, égalité, fraternité. Commençons par le premier, la liberté. Vous êtes un libéral. Vous écrivez : « Toute éducation est une éducation à la liberté », ou encore « La philosophie de l'éducation renvoie nécessairement à une philosophie de la relation entre temps et liberté ». Qu'entendez-vous par cette notion ?

Il existe de nombreuses définitions de la liberté. La liberté à laquelle j'adhère est une liberté de construction. Notre société est traversée de forces négatives qui prennent souvent les traits de la liberté-immédiateté, d'une consommation débridée par laquelle chacun pourrait faire et avoir ce qu'il souhaite dans une sorte de laisser-faire général correspondant à l'idéal individualiste de notre temps.

1- Cet entretien, sous forme de conversation avec Héloïse Lhérété, a été réalisé le 15 septembre 2017 lors de l'Université de rentrée de la Ligue de l'enseignement (Le Pradet, Var). Jean-Michel Blanquer précise la manière dont il entend déployer politiquement les trois valeurs qui forment la devise de la République Française : liberté, égalité, fraternité.

Ma définition de la liberté est aux antipodes de celle-là. La liberté de l'enfant est progressive, elle se construit sur des savoirs fondamentaux et s'amplifie graduellement jusqu'à la conquête de la liberté civique. C'est pourquoi, en matière de pédagogie, je n'ai jamais été en faveur du constructivisme. L'enfant ne construit pas seul ses savoirs (même s'il gagne à agir et participer activement à leur acquisition), ils lui sont d'abord transmis. Il reçoit des informations, des méthodes, des références, du savoir, des valeurs. Ensuite, plus le temps passe, plus la réussite de l'éducation doit se traduire par un accroissement de la liberté. L'éducation, ainsi définie, doit être émancipatrice, elle doit aider l'homme à conquérir sa liberté.

En ce sens, suis-je libéral ? J'accepte d'assumer un libéralisme philosophique qui renverrait à la pensée de Tocqueville, dont je suis un admirateur. Vous pouvez donc dire de moi éventuellement que je suis un « libéral tocquevillien ». En revanche, je ne me reconnais aucunement dans la connotation qu'a prise ce terme dans le débat public français. Je n'ai jamais été pour le laisser-faire, le laisser-aller, le règne de l'argent, la loi du plus fort. Ce pseudo-libéralisme, dont je me vois parfois affublé dans la presse ou ailleurs, est totalement contraire à ce que je pense et à ce que je suis. Je pense même que c'est un handicap en France d'avoir un tel malentendu : la connotation péjorative du mot libéralisme nous éloigne de l'idéal de liberté, dont le sens profond est pourtant au fondement de la révolution française, de la république, de l'école.

Vous avez exprimé votre volonté de donner plus de liberté et d'autonomie aux établissements scolaires. Or, il existe plusieurs modèles d'autonomie... S'agit-il d'encourager les projets d'établissement? S'agit-il d'offrir une certaine autonomie de gestion, voire de recrutement, comme en Grande-Bretagne? Faut-il aller jusqu'à donner une plus grande liberté pédagogique aux enseignants, à l'instar de la Finlande?

Effectivement, on ne peut pas vouloir éduquer les enfants à la liberté tout en maintenant dans des carcans les adultes qui les entourent. Mon objectif n'est pas de débrider le système pour que chacun fasse ce qu'il veut à sa façon, mais de mieux valoriser la capacité d'initiative des acteurs. L'Éducation nationale souffre d'être perçue comme une institution bloquée et inhibante, au sein de laquelle il est difficile de mener un projet, notamment pour ceux qui viennent de l'extérieur. Cette image est assez injuste, parce qu'il se passe en réalité beaucoup de choses très dynamiques au sein des établissements. En tant que ministre, voici mon discours : « Apportez vous-mêmes vos solutions aux problèmes que vous rencontrez dans votre quotidien, faites-le en équipe ; vous serez soutenus et non pas empêchés par l'institution dès lors que cela correspond à un objectif d'intérêt général, dès lors qu'on peut évaluer votre initiative et éventuellement la généraliser. » Je ne prêche donc pas une forme d'autonomie aveugle qui serait à elle-même son propre principe. Je suis pour plus d'autonomie, plus de projets, dès lors qu'ils sont au service d'un objectif : la réussite des élèves.

Vous avez fixé des recommandations sur la méthode d'apprentissage de la lecture, que vous voulez syllabique, la dictée hebdomadaire ou les opérations mathématiques. N'est-ce pas aller à l'encontre du principe de liberté pédagogique ?

Oui, je l'assume. Je suis évidemment favorable à la liberté pédagogique ; elle est indispensable si l'on veut former des élèves libres. Mais je pense impératif de la définir et l'articuler avec d'autres critères que la liberté. La liberté pédagogique ne doit pas être confondue avec le laisser-aller en matière pédagogique. C'est particulièrement vrai à l'école primaire. Au CP et au CE1, il se joue des choses fondamentales en termes d'acquisition de la lecture, de l'écriture et du calcul. Au nom de la liberté pédagogique, on ne doit pas ignorer que certaines approches fonctionnent mieux que d'autres. Une étude menée auprès de classes de CP montre que les résultats ne sont pas les mêmes selon les manuels scolaires utilisés[2]. En tant que Ministre, je pourrais me contenter de proclamer : « Vive la liberté pédagogique, bravo à tous, merci ! ». Mais ce n'est pas ainsi que je conçois ma responsabilité. Au moins 20 % des enfants sortent aujourd'hui de l'école primaire sans savoir bien lire, écrire, compter. Il s'agit souvent d'enfants dont les parents eux-mêmes ont les acquis fondamentaux les plus fragiles. Soit on continue comme ça, par une forme de démagogie,

2- *Cf* notamment : *Lecture au CP, un effet-manuel considérable*, sous la direction de Jérôme Deauvieaux.
http://www.sciences-sociales.ens.fr/IMG/pdf/rapport_enque_te_lecture_deauvieau.pdf

en disant « liberté, liberté ! », et on se satisfait de cette reproduction ; soit on regarde les problèmes en face et on met tout en œuvre pour la réussite de ces élèves. Je suis favorable à une forte liberté pédagogique, mais à l'intérieur d'un cadre général garantissant l'équité entre tous les enfants. C'est la raison pour laquelle je crois nécessaire de mettre en place des outils pédagogiques, des dispositifs plus satisfaisants de formation initiale, de formation continue, afin que les professeurs soient parfaitement conscients des grandes priorités pédagogiques que fixe l'institution. L'immense majorité des professeurs de l'école primaire est demandeuse de ces points de repère. Lorsque j'étais recteur en Guyane, je me souviens de jeunes professeurs des écoles que j'allais voir dans des endroits parfois très reculés. Ils attendaient que l'institution s'engage sur les questions pédagogiques, qu'elle ne se contente pas de dire : « Faites comme bon vous semble et ce sera forcément bien ».

Vous avez octroyé une liberté inattendue aux communes concernant la semaine de quatre jours. Or, toutes les analyses démontrent que les quatre jours et demi sont plus favorables aux apprentissages. À quelle justification peut obéir une telle décision ?

Pardon de vous le dire, mais ce que vous venez de dire n'est pas exact, il n'y a pas d'étude qui montre que quatre jours et demi est supérieur à quatre jours.

Je pourrais vous citer[3] *le rapport de l'Académie de Médecine, celui de la Cour des Comptes ou encore les travaux de la chronobiologiste Claire Lecomte qui montrent tous une infériorité de la semaine de quatre jours...*

Je connais ces travaux. Mais ce qui me frappe, sur ce sujet comme sur d'autres, c'est à quel point les débats en France se cristallisent de façon binaire. Si l'on remonte une dizaine d'années en arrière, on n'aurait jamais imaginé que les uns et les autres se positionnent dans un camp de manière aussi farouche. Ces écrits ne reposent pas sur une comparaison méthodique des effets de chacune des deux formules. Les travaux qui adoptent cette démarche montrent au contraire qu'il n'y a pas de difficultés. Ils ont été réalisés dans les années 1990 quand les deux formules coexistaient et que cela ne choquait personne. À l'époque, vous étiez furieusement modernes si vous prôniez la semaine de quatre jours. Aujourd'hui à l'inverse, vous êtes un monstre libéral obsédé par des préoccupations budgétaires! Prenez le cas de la ville d'Épinal où le souci premier de Philippe Séguin avait consisté à clarifier d'abord le syntagme « rythmes scolaires », en faisant clairement référence à la relation entre l'organisation des calendriers scolaires – pour des raisons économiques ou cultuelles – et les variations biologiques et psychologiques dans les processus des apprentissages. D'où, cette attention

3- www.academie-medecine.fr/detailPublication.cfm?idRub=26&idLigne=1768
www.ccomptes.fr/fr/CC/Publications-RPT.html
http://www.claireleconte.com

particulière, dont nous devrions nous inspirer, à la relation systémique et juste, pour le bien des enfants, entre les connaissances, la pédagogie et les activités péri et extrascolaires qui contribuent au développement des compétences psychosociales, sportives et culturelles pour le bien vivre ensemble. Cette relation ou, comme dirait Edgar Morin, cette religation, doit être la résultante positive d'un travail éducatif collaboratif et intelligent entre tous les acteurs de l'école, afin que l'on veille à la qualité du sommeil, de l'attention, de la perception de soi et du respect d'autrui chez tous les enfants.

En réalité, je ne suis pas favorable à un système plutôt qu'à un autre. Je n'ai aucun dogme sur le sujet. Le système que nous avons mis en place permet aux communautés éducatives de faire un choix en fonction des réalités locales qui sont variables. Cette décision a d'abord été un engagement du Président de la République, Emmanuel Macron, suite à ses rencontres avec des centaines d'acteurs. Sur de tels sujets, il importe d'être pragmatique et de regarder concrètement ce qui se passe sur le terrain. La réforme de 2014[4] a imposé uniformément et brusquement le passage à quatre jours et demi, ce qui a généré des choses très positives, mais aussi des choses très négatives dans certaines collectivités : des activités périscolaires de faible qualité, des problèmes d'organisation familiale, etc. Mon approche est de considérer les deux à la fois, de façon à garder ce qui va bien et à changer ce qui ne va pas.

4- Réforme initiée par le ministre de l'Éducation Vincent Peillon, en 2013 pour les communes volontaires et à toutes les écoles maternelles et primaires publiques en 2014.

En outre, pour les communes qui sont passées à quatre jours, nous avons mis en place le Plan mercredi qui les aide à proposer aux familles des activités de qualité autour du sport et de la culture. Plus de 2 000 plans mercredis ont été signés entre l'État, les caisses d'allocations familiales et les 306 communes regroupant 2 millions d'enfants scolarisés. En 2020, il y en aura 4 000.

J'ajoute qu'il faut prendre garde à ne pas cristalliser toute notre énergie sur des débats qui masqueraient des enjeux plus importants. Sur la seule question des rythmes par exemple, la question du rythme quotidien des enfants me paraît au moins aussi importante, si ce n'est plus, que celle des rythmes hebdomadaires. La chronobiologie montre que les meilleurs apprentissages se réalisent en début de matinée mais aussi en milieu d'après-midi. Or, la semaine de quatre jours et demi fait terminer la classe à 15 h 30. De surcroît, la question du temps ne se limite pas à celles des rythmes : il faut penser le contenu des temps de l'enfant, le temps passé devant des écrans, la question du sommeil, la question du sport, etc. L'espace aussi est important : le bâti scolaire par exemple est un sujet sur lequel la France peut faire d'énormes progrès dans les temps à venir.

Il faut donc avoir une vision systémique. Quel que soit le rythme scolaire, nous devons travailler ensemble sur la qualité de ce qui se passe dans le temps scolaire, dans le temps périscolaire, et veiller à la cohérence entre l'un et l'autre.

La deuxième notion, l'égalité, est faussement consensuelle ; elle masque en réalité des visions très différentes du rôle de l'école. Il existe aujourd'hui une ligne de fracture entre les partisans de « l'égalité des chances » et les partisans de « l'égalité de résultat ». Les premiers considèrent que les écarts de réussites scolaires sont acceptables s'ils résultent de différences de mérite. Pour les seconds, il n'y a pas à faire une telle différence entre méritants et non-méritants. Ce qui importe, c'est que chaque enfant accède aux savoirs qu'il est censé acquérir. C'est la vision souvent défendue par des penseurs de l'école tels que Marie Duru-Bellat, François Dubet ou Philippe Meirieu. Comment vous positionnez-vous dans ce débat ?

Certains m'accusent – et accusent plus largement le gouvernement d'Édouard Philippe – de ne pas avoir le souci de l'égalité. C'est un faux procès. L'égalité est le premier de mes combats. C'est parce que je suis habité par cette question des 20 % d'élèves les plus fragiles de notre système que je fais tout ce que je fais. Mais je n'opposerai jamais une philosophie du mérite à une philosophie de l'égalité concrète, parce que je pense qu'on arrive à l'égalité concrète par le mérite, c'est-à-dire en tirant tout le monde vers le haut. J'ai une vision optimiste de la nature humaine : tous les enfants sont éducables, et par ailleurs tous sont différents. Aujourd'hui, nous devons trouver un nouveau pacte pour le XXIe siècle. Nous devons être capables de mieux personnaliser les parcours, ce qui suppose, pour commencer, de donner plus aux élèves fragiles.

Cette inspiration a été au cœur de l'une des premières mesures du quinquennat, la division par deux du nombre d'élèves par classes de cours préparatoire en réseau d'éducation prioritaire. Je ne suis pas dans le jeu des postures idéologiques ni des querelles théoriciennes, mais dans la recherche des stratégies les plus efficaces pour les enfants. Il y a une phrase à laquelle je tiens : « L'éducation, c'est le contraire de la démagogie. »

Un peu de démagogie me paraît au contraire consubstantielle à la parole politique en démocratie. Il faut plaire pour prendre le pouvoir, séduire pour mener les réformes souhaitées. Prétendre y échapper n'est-il pas un leurre ou une ruse ?

Ce n'est pas ma façon de voir les choses. En matière d'éducation, il est facile d'être démagogue, de faire plaisir et de se faire plaisir en utilisant des grands concepts… tout en acceptant la situation telle qu'elle est sans rien y changer. Depuis que je suis dans l'Éducation nationale, je fais profession d'agir autrement. Cette attitude ne m'attire pas que des amitiés, mais elle ne m'a pas empêché de devenir le ministre de l'Éducation nationale, ce qui, d'une certaine façon, me laisse penser que j'ai eu raison. Je n'ai jamais eu de mal à faire comprendre mon action lorsque j'étais recteur en Guyane : tout le monde, y compris l'ensemble des syndicats, pensait que nous allions dans le sens de la liberté, de l'égalité, de la fraternité… C'est en devenant recteur de l'académie de Créteil, entre 2007 et 2009 que j'ai découvert l'hostilité et les fausses interprétations. J'ai alors constaté que plus je pensais œuvrer dans le sens du progrès social, plus je suscitais des oppositions. J'agaçais, j'énervais. L'internat d'excellence est l'exemple type. En créant cette structure à Sourdun (Seine-et-Marne) en 2009, nous avons fait preuve d'un volontarisme rare en matière de progrès social ; nous avons permis à des milliers de jeunes issus des banlieues de réussir dans l'enseignement supérieur. Pourtant nous avons reçu les plus vives critiques de la part de ceux-là mêmes qui étaient censés lutter contre les inégalités. Probablement parce que j'agissais sous un gouvernement de droite[5], qui était donc supposé agir contre l'égalité…

En donnant plus de moyens à certains établissements ou territoires, ne risquez-vous pas d'en pénaliser d'autres, par exemple les territoires ruraux, et d'ainsi créer de nouvelles inégalités ?

C'est la grande objection : pourquoi faire une chose pareille si vous ne le faites pas pour tout le monde ? Mais si vous raisonnez comme ça, vous ne faites rien. Il faut bien commencer par quelque chose ; et ce quelque chose doit bénéficier à ceux qui en ont le plus besoin. Quand nous divisons les classes de CP par deux en zone d'éducation prioritaire, nous pourrions aussi bien dire : eh bien, faisons-le pour tout le monde, partout ! Oui, si nous le pouvions, nous le ferions pour tous. Le fait est qu'en l'état de nos moyens, il faut commencer par

5- Gouvernement dirigé par François Fillon, sous la présidence de Nicolas Sarkozy.

se préoccuper des enfants qui en ont le plus besoin. Je fais partie de ceux qui prennent au sérieux la devise de l'éducation prioritaire, « faire plus pour ceux qui ont besoin de plus ». Ce qui suppose un certain courage en France où cette position suscite des hostilités aussi bien de droite que de gauche. Mais j'invite tous ceux qui ont critiqué les internats d'excellence à formuler leurs critiques devant les milliers d'élèves qui en sont issus, qui sont en train de réussir dans l'enseignement supérieur ou dans leur vie professionnelle, avec un effet matriciel sur d'autres jeunes gens… C'est un exemple, je pourrais vous en citer bien d'autres.

L'une de vos premières actions politiques a été de revenir sur la réforme du collège de Najat Vallaud-Belkacem, en rétablissant les classes bilangues et l'enseignement du latin et du grec. Que répondez-vous à ceux qui vous reprochent de séparer les classes par groupes sociaux, notamment au collège ?

Certaines mesures prises sincèrement au nom de l'égalité aboutissent parfois à renforcer les inégalités. La suppression des classes bilangues était typiquement de ce genre. C'est une illustration majeure des phénomènes de crispations idéologiques françaises. En tant que recteur, que ce soit de Guyane ou de Créteil, j'ai créé des options prétendument élitistes dans des collèges défavorisés sans que personne ne s'en indigne à l'époque. Lorsque j'ai créé une section européenne dans un lycée de Kourou, dans l'un des quartiers les plus défavorisés de Guyane, lorsque j'ai développé des classes de latin-grec en Seine-et-Marne ou des représentations de théâtre classique en fin d'année avec des élèves d'éducation prioritaire, je n'aurais même pas pu imaginer que quiconque m'oppose cet argument. D'ailleurs, il y a encore sept ou huit ans, de telles politiques paraissaient plutôt progressistes. À condition, bien entendu, de développer ces options au sein des établissements qui en ont le plus besoin, c'est-à-dire dans ceux qui doivent créer de l'attractivité. La mise en place de classes bilangues, mais aussi de classes de musique, de sections sportives, de tout ce qui fait la différence, a un intérêt majeur : elle crée un effet de halo, un effet de réputation considérable qui profite à tous les élèves de l'établissement. Pour cette raison, je suis intimement persuadé que chaque collège, chaque lycée de France doit avoir un projet éducatif propre, conçu par les équipes en place, un projet qui fasse envie. Cette dynamique pédagogique et éducative me paraît fondamentale. Elle doit s'implanter au maximum dans les établissements en difficulté et s'accompagner d'une intention à l'ensemble des élèves de l'établissement. Sinon, il existe par endroits un risque d'anomie, de fatalisme, et finalement d'effondrement sous le poids des difficultés.

Est-ce que cette politique ne risque pas de mettre les établissements en concurrence, de favoriser le jeu des options contre la carte scolaire, et d'ainsi créer un enseignement à plusieurs vitesses ?

Mais ce n'est pas un risque pour le futur, c'est une réalité du présent ! La suppression des classes bilangues et des sections européennes, en 2016, s'est traduite par une fuite du public vers le privé. C'est un fait historique ! Sur de tels sujets, encore une fois, il faut se méfier des discours généreux par lesquels on se paye de mots, et regarder les choses en face, y compris les choses désagréables comme les problèmes de disciplines, de violences, de drogues qui minent l'image de certains établissements. Les familles des classes moyennes ont aujourd'hui peur d'envoyer leurs enfants dans certains collèges et lycées. Recréer de la mixité sociale ne pourra passer que par une politique très active pour redonner de l'attractivité à ces établissements les plus défavorisés : des options attrayantes mais aussi un climat serein, de la sécurité, un suivi des absences, des relations apaisées avec l'extérieur, bref une vie scolaire de qualité. Ce sont des sujets difficiles mais qu'il faut prendre à bras-le-corps si on croit profondément, comme c'est mon cas, au service public de l'éducation.

La fraternité est le troisième terme de la devise républicaine. C'est une notion complexe, qui a pour particularité d'être au cœur du message biblique, de la Torah et du Coran, mais aussi inscrite au fronton de nos mairies et nos écoles, comme un trait d'union entre croyants et athées, comme aussi pour rappeler le fond spirituel de notre république laïque. L'école a-t-elle les moyens d'éduquer à la fraternité ?

Oui, j'en suis profondément convaincu. C'est même d'une certaine façon le but ultime de notre société. Notre devise républicaine a ceci de magnifique qu'elle fixe un programme ascensionnel : la liberté permet d'agir et de construire, cette liberté donne accès à l'égalité, et la fraternité se présente comme l'aboutissement qualitatif de l'égalité. Cette dernière notion ouvre sur la perspective d'une société harmonieuse, où les individus se respectent en dépit de leurs différences, où ils ne se contentent pas de *vivre ensemble* – j'utilise peu cette expression – mais veulent *faire république*. Dans le vieux débat entre instruction et éducation, je suis clairement du côté de l'éducation. Je respecte et comprends ceux qui assignent à l'école la seule mission d'instruire, mais je ne partage pas leur position. L'école ne peut plus se contenter de transmettre des savoirs, en abandonnant aux familles les questions d'éducation. Elle doit co-éduquer avec elles. Elle doit assumer de transmettre des valeurs comme la solidarité, l'égalité, le respect, la laïcité, bref des valeurs qui sont au cœur de notre vie collective. Cette transmission a sa place au cœur des stratégies pédagogiques dès l'école primaire. Les sciences cognitives y sont utiles, car elles portent en elles l'idée d'une incroyable perfectibilité de l'être humain. C'est d'ailleurs l'un des messages que j'aime le plus dans les sciences cognitives. Elles ne se contentent pas de nous fournir une série de données sur l'acquisition des savoirs ; elles démontrent aussi notre profonde capacité d'empathie, dès la naissance et probablement même au sein du ventre maternel. L'une des grandes ambitions du politique aujourd'hui pourrait être de soutenir cette empathie, de façon à lui donner les moyens de mieux s'exprimer. Une telle tâche commence par une politique très volontariste d'accompagnement de la parentalité, car ce qui se passe entre 0 et 3 ans, avant l'Éducation nationale, est essentiel : les enfants ayant bénéficié d'une attitude empathique de leurs parents ont beaucoup plus de chances de développer cette aptitude par la suite. Certaines pratiques pédagogiques et éducatives méritent aussi d'être généralisées dans les écoles. C'est le cas, par exemple, des programmes de médiation entre pairs et de responsabilisation des enfants. Ces situations offrent aux enfants la capacité de comprendre la position d'autrui, de devenir plus empathique et donc de cultiver la fraternité.

Quelle doit être la place des familles dans l'école ? Faut-il leur ouvrir plus largement les portes, par exemple en créant des « salles des parents » au sein des établissements scolaires ?

Oui, bien sûr. La réussite des enfants passe par une convergence entre les parents et l'école. C'est pourquoi j'ai créé en 2010 dans l'académie de Créteil la mallette des parents qui s'est bien diffusée jusqu'à aujourd'hui. Je souhaite développer et approfondir ce type d'initiative, qui permet d'expliciter aux parents les enjeux scolaires et la manière dont ils peuvent aider enfants. Cette coéducation passe aussi par la mise en place de lieux dédiés aux parents au sein des établissements scolaires, par des réunions de parents en petit groupe avec des professeurs, et par le recours à des associations et institutions comme la Ligue de l'enseignement, de façon à encourager la participation des parents aux questions scolaires et éducatives.

Alison Gopnik, professeure à l'Université de Berkeley et figure de proue de la psychologie de l'enfant, pronostique la fin de l'école[6]*. Selon elle, nous sommes entrés dans une nouvelle économie de la connaissance. Les cerveaux eux-mêmes sont en train de muter sous l'effet des nouvelles technologies. La forme scolaire, en tant que modèle historique, aurait vécu. Qu'en pensez-vous ?*

Alison Gopnik, dont j'admire les travaux, n'est pas la première à avancer cette idée. Dans les années 1960 et 1970, Ivan Illitch n'a cessé d'affirmer la fin de l'école. Il nous a tous beaucoup influencés pour le meilleur et pour le pire. Cependant, il y a toujours une part de provocation à annoncer la fin de l'école, comme la fin du travail, voire la fin de l'Homme chez Michel Foucault ou la fin de l'Histoire chez Francis Fukuyama. Personnellement, je trouve la ficelle un peu usée et plus fondamentalement, je n'y crois absolument pas. Je pense tout au contraire que nos sociétés vont éprouver un croissant besoin d'école. Par « école », j'entends l'idée d'institution, très importante pour moi. Nous avons besoin d'une institution-école, pour *instituer* les enfants au sens étymologique du

6- Alison Gopnik, *Anti-manuel d'éducation*, éditions Le Pommier, 2017.

terme, leur permettre de vivre ensemble, de faire communauté, de développer leur sentiment de fraternité. L'école permet d'instituer un lieu, au sens physique comme symbolique du terme, qui permettra de faire grandir l'enfant et de l'émanciper de tous ces éléments d'immédiateté qui caractérisent notre temps. C'est la raison pour laquelle je ne crois pas à la dissolution de l'école. Si jamais elle devait avoir lieu, ce serait un très grand danger. L'école doit évoluer et s'adapter à l'évolution du monde, mais elle doit rester instituante, donner une culture générale, éclairer le sens de l'histoire, offrir encore plus d'art, de culture, de sens du beau dans une époque qui remet parfois en question le beau, le bien et le vrai.

Je voudrais pour conclure vous confronter à une phrase du psychanalyste Carl Jung que vous citiez vous-même dans votre livre de 2014, L'École de la Vie *(Odile Jacob)… en précisant qu'elle vous avait toujours paru assez proche de la vérité : « Le contraire de l'amour, ce n'est pas la haine, c'est le pouvoir ».*

C'est une phrase très juste et très profonde. Tout pouvoir met en tension le sens de la conviction et celui des responsabilités, oblige sans arrêt à articuler son idéal avec le réel. La position de ministre confronte à une situation de compromis suprême avec le réel. C'est pourquoi il est utile d'avoir cette phrase en tête, comme un flotteur qui permettrait de temps en temps de prendre du recul sur son action. Cette phrase met aussi en garde contre le mélange des genres entre la sphère de l'intime et la sphère publique. Est-il seulement possible de parler d'« amour » quand on est Ministre, alors que ce terme renvoie plus que tout autre au registre privé ? En même temps, il me semble indispensable de réintroduire cette dimension-là dans la vie collective. D'une certaine manière, nous l'avons fait en abordant la notion de fraternité, qui doit être au cœur de l'exercice de responsabilités. Parfois, il me faut prendre des décisions difficiles, des mesures que j'aimerais ne pas prendre. Dans tel ou tel contexte budgétaire, je dois rendre des arbitrages et les assumer. Une erreur consisterait à penser que les corps intermédiaires – les associations, les syndicats – incarnent les idéaux d'une société, tandis que le pouvoir – moi en l'occurrence – représenterait la responsabilité. Nous sommes tous ensemble à la fois l'idéal et la responsabilité. Un ministre ne doit pas oublier ses idéaux, les citoyens doivent se sentir responsables du devenir de la société. Nous pouvons avoir des divergences, il est souhaitable qu'elles puissent s'exprimer ; mais nous devons aussi nous souvenir des idéaux qui nous rassemblent : liberté, égalité, fraternité, laïcité. Je poursuis un chemin qui n'est pas complètement défini d'avance, et qui dépend aussi de notre capacité à travailler ensemble, collectivement.

Liberté, égalité, fraternité.
Le regard d'Edgar Morin
Propos recueillis par Jean-François Dortier

Liberté, égalité, fraternité sont inscrits sur le fronton de la République. Ces valeurs ont-elles une place dans l'école de la République ?

Ces trois termes sont absolument complémentaires et en même temps antagonistes. Pourquoi ? Parce que si la liberté prédomine, elle empêche l'égalité et ne suscite en rien la fraternité. L'égalité, si elle est imposée, affecte gravement la liberté et n'apporte rien à la fraternité. Quant à la fraternité, qui a été ajoutée après 1848 (elle n'était pas à l'origine de la première République), elle ne peut être imposée : elle s'éduque mais ne s'instaure pas ; elle relève d'une conscience citoyenne forte, c'est-à-dire qu'elle ne peut pas se contenter de s'afficher sur le fronton de nos monuments : elle doit être vécue comme une conscience d'appartenir à une même communauté et d'agir en ce sens.

Je me permets donc d'insister sur la complexité des liens entre ces trois valeurs cardinales : elles sont complémentaires et antagonistes à la fois.

Revenons au thème de la liberté dans l'École. Le système français s'est construit comme un monolithe administré par le haut. Est-ce une bonne chose selon vous d'accorder plus de liberté et donc plus d'autonomie aux enseignants, aux établissements?

Il y a des avantages et des inconvénients. L'autonomie des choix en matière de pédagogie, de programme, d'organisation peut être enrichissante car elle permet aux établissements de se fixer des priorités novatrices. Mais l'autonomie financière des universités conduit les établissements à fonctionner comme des entreprises. Ce souci de rentabilité peut les conduire à perdre de vue leur mission de service public. L'autonomie est donc une valeur à double face.

La centralisation a aussi ses avantages et ses inconvénients : elle permet de maintenir une unité des programmes et des filières, indispensables à la cohésion d'une nation, mais elle fige aussi le système et entrave l'esprit d'initiative.

La question de l'équilibre entre centralisation et autonomie, liberté et contrainte ne peut être tranchée abstraitement, à partir de principes généraux. Nous devons rechercher un équilibre forcément dynamique, qui valorise tantôt l'une, tantôt l'autre.

Parlons égalité : alors que le thème des inégalités est très présent en sociologie (ce fut le cas avec Pierre Bourdieu ou Raymond Boudon), je constate que ce thème est assez peu présent dans vos livres consacrés à l'éducation. Signe de désintérêt ?

Il est vrai que dans mon œuvre pédagogique, je me suis concentré sur les contenus à introduire dans l'enseignement sans prétendre vouloir traiter de façon exhaustive des problèmes de l'École. Certains thèmes doivent être disctués par ailleurs, je le reconnais volontiers. Je suis conscient de l'existence du problème des inégalités. Mais il faut aussi admettre que l'école française est un système qui s'est construit avec des intentions égalitaires – la troisième république avait par exemple instauré un système de bourses qui permettait aux élèves méritants de poursuivre leurs études ; aujourd'hui on alloue des moyens supplémentaires aux établissements des quartiers défavorisés pour leur permettre de résorber les inégalités de trajectoires scolaires.

De plus, il est évident que la question de l'égalité et des inégalités ne relève pas seulement de l'école. Une de mes maximes est que « l'école dépend de la société, laquelle dépend de l'école ». Il s'agit d'un grand problème politique et social. Dans ce domaine, j'ai toujours pris le parti des rejetés, des méprisés, des humiliés, des offensés. Depuis le début du règne du néolibéralisme économique mondial, j'ai également pris parti contre le développement des inégalités.

Mais est ce qu'il n'y a pas un certain « élitisme humaniste » dans la conception de l'enseignement que vous cherchez à promouvoir? L'éducation citoyenne promue dans Les Sept Savoirs sur l'éducation du futur *vise à forger un citoyen accompli qui ressemble à l'honnête homme du XVIIe siècle, un individu ouvert aux différents savoirs scientifiques, aux humanités, aux arts et qui de surcroît porte un regard réflexif sur les forces et limites de son propre savoir… Cet idéal humaniste est-il vraiment adapté à la formation de la masse des élèves dont une partie va devenir ouvrier, employé, technicien, comptable, etc. ?*

Je répondrais d'abord qu'apprendre à vivre est quelque chose d'utile à tous, qu'on soit plombier, infirmier, expert-comptable ou éboueur. Dans toutes les professions et dans la vie en général, travailler demande des qualités humaines qui vont au-delà des savoirs techniques ou spécialisés. S'ouvrir à autrui est une qualité à développer chez tous, quel que soit son statut professionnel.

Ensuite, il faut veiller à ne pas enfermer les gens dans leur rôle social ou leur condition initiale, en leur dispensant un enseignement limité à des compétences professionnelles. Certes l'honnête homme du XVIIe siècle était un aristocrate ou un bourgeois riche, mais aujourd'hui on peut devenir « honnête homme » quelle que soit sa condition sociale.

Je me souviens de l'histoire d'un cousin éloigné qui vendait des chaussettes sous un porche. Il a eu une révélation quand il a découvert la poésie et la littérature. Plus tard, il est devenu traducteur de Frederico Garcia Lorca.

Le sentiment poétique de la vie peut être perçu par tous, et la révélation peut survenir à n'importe quel moment : dans l'amour, en lisant un livre, en regardant un match de football. Permettre d'amplifier et de cultiver ce sentiment poétique est l'un des grands rôles de l'éducation. La démocratisation de l'enseignement permet justement d'offrir à tous ce qui n'était réservé qu'à une élite.

Bien sûr, il y a des diversités de personnalité : certains vont être plus sensibles à la littérature, d'autres aux sciences, d'autres à l'histoire ou à l'art. Mais en commençant tôt à découvrir la richesse de la vie, ses potentialités, en commençant le plus tôt possible à s'ouvrir aux autres et à la diversité des points de vue, en commençant aussi à prendre ses distances avec ce que l'on croit savoir, avec ses aveuglements, on peut alors prendre de la hauteur par rapport aux savoirs spécialisés.

Le progrès de l'esprit humain ne peut toucher tout le monde en même temps, mais doit toucher le maximum de gens.

Venons-en au troisième thème : la fraternité. Est-ce une mission de l'école que de l'enseigner ?

Je pars d'un constat. Nous sommes dans une civilisation qui a favorisé l'individualisme avec tous ses aspects positifs, mais aussi ses aspects négatifs, l'égocentrisme et l'égoïsme. Cela s'est traduit par une crise des solidarités : crise des solidarités de la famille élargie (qui prévalait dans les sociétés anciennes), crise des solidarités villageoises, des solidarités de quartiers, des solidarités de travail, etc. Il existe une crise générale des solidarités. Le Président Macron souhaite rétablir un service national. Personnellement, je souhaite que l'on institue pour la jeunesse un service social national de la solidarité, affecté à des activités de solidarité et à des tâches humanitaires.

Bien entendu, on ne peut pas imposer et instaurer arbitrairement un sentiment de fraternité, mais on peut créer des structures qui favorisent son développement.

Pour aborder la question de la fraternité, je pars d'un point de vue anthropologique : tout individu agit en fonction de deux « logiciels » complémentaires et antagonistes : le logiciel du « moi-je » est nécessaire pour se développer, se nourrir ou se défendre mais il exclut autrui. Le second logiciel du « tu-nous », tourné vers autrui, se manifeste dès la naissance par l'empathie, l'attachement, les besoins de contacts. Ce « tu-nous » se développe dans la famille, les bandes d'amis et les communautés élargies.

Le logiciel du « tu-nous » est sous-développé dans notre civilisation actuelle, alors que celui du « moi-je » est surdéveloppé. Fort de ce constat, il apparaît nécessaire de développer les sentiments de solidarité et fraternité, à l'égard de la nation mais aussi de l'humanité entière. Et c'est un des rôles de l'éducation. Les enfants peuvent comprendre facilement que l'on est plus heureux si on se réalise dans une communauté, que si on cherche à se réaliser uniquement par son intérêt personnel. Voilà un des objectifs de l'éducation humaniste que j'appelle de mes vœux. On ne peut rien imposer en la matière mais on peut montrer les vertus de la fraternité : car faire du bien à autrui, c'est se faire du bien à soi-même.

Des mêmes auteurs :

Jean-Michel Blanquer
Aux éditions Odile Jacob

– *L'école de la vie*, 2014
– *L'école de demain*, 2016
– *L'école de la confiance*, 2018
– *L'invention de l'État*, 2015 (en collaboration)

Edgar Morin
(sélection)

– *La tête bien faite. Repenser la réforme, réformer la pensée*, Seuil, 1999
– *Relier les connaissances*, Seuil, 1999
– *Les Sept Savoirs nécessaires à l'éducation du futur*, Seuil, 2000.
– *Éduquer pour l'ère planétaire. La pensée complexe comme méthode d'apprentissage dans l'erreur et l'incertitude humaine*, Jacob Duvernet, 2003
– *Enseigner à vivre. Manifeste pour changer l'éducation*, Paris, Actes Sud-Play Bac ed., 2014

Certifié PEFC
Ce produit est issu de forêts gérées durablement et de sources contrôlées.
PEFC™ 10-31-3068
pefc-france.org

Achevé d'imprimer en décembre 2019 par CPI Firmin Didot (146182)
Dépôt légal : quatrième trimestre 2019